北大幼教丛书

融合幼儿园中个别化教育计划的制订及实施

王燕华　付传彩　编著

图书在版编目(CIP)数据

融合幼儿园中个别化教育计划的制订及实施 / 王燕华,付传彩编著. —北京:北京大学出版社,2017.7

(北大幼教丛书)

ISBN 978-7-301-28408-7

Ⅰ. ①融… Ⅱ. ①王… ②付… Ⅲ. ①学前教育 – 教育方式 – 研究 Ⅳ. ①G612

中国版本图书馆CIP数据核字(2017)第130869号

书　　　名	融合幼儿园中个别化教育计划的制订及实施
	RONGHE YOU'ERYUAN ZHONG GEBIEHUA JIAOYU JIHUA DE ZHIDING JI SHISHI
著作责任者	王燕华　付传彩　编著
责 任 编 辑	吴坤娟　黄怀京
标 准 书 号	ISBN 978-7-301-28408-7
出 版 发 行	北京大学出版社
地　　　址	北京市海淀区成府路205号　100871
网　　　址	http://www.pup.cn　　新浪微博:@北京大学出版社
编辑部邮箱	zyjy@pup.cn
总编室邮箱	zpup@pup.cn
电　　　话	邮购部62752015　发行部62750672　编辑部62756923
印 刷 者	北京中科印刷有限公司
经 销 者	新华书店
	787毫米×1092毫米　16开本　6.5印张　147千字
	2017年7月第1版　2024年5月第6次印刷
定　　　价	20.00元

未经许可,不得以任何方式复制或抄袭本书之部分或全部内容。
版权所有,侵权必究
举报电话:010-62752024　电子信箱:fd@pup.pku.edu.cn
图书如有印装质量问题,请与出版部联系,电话:010-62756370

本书编委会

邓　敏　付传彩　孟　帆　孟　阁
雷小娟　刘　燕　刘　扬　罗　洪
宋海燕　王燕华　武　璇　解小兰
杨雪扬　尤凤娇　余　丽　赵红梅
赵　娜　张玉萍

总　序

随着国务院《关于当前发展学前教育的若干意见》（国发〔2014〕41号）（以下简称《意见》）和教育部《3—6岁儿童学习与发展指南》（以下简称《指南》）等纲领性文件的颁布实施，我国学前教育事业开启了蓬勃发展的新局面。越来越多的幼儿园在如何进一步提高办园质量方面展开了深入的思考并不断地探索实践，形成了多元化和多样化的发展态势。北京大学附属幼儿园园本课程的开发和建设，对于彰显办园特色，促进幼儿发展，提升教师教育教学水平具有重要的意义。作为一所享誉中外的百余年高等学府的幼教机构，北京大学附属幼儿园秉承"勤奋、严谨、求实、创新"的北大传统，借鉴蔡元培先生"尚自然，展个性"的学前教育思想主张，不断开展对儿童发展与教育的研究与探索。近年来，北京大学附属幼儿园在《意见》和《指南》的指引下，利用高校独有的丰富的人文和自然科技教育资源，积极建构适宜幼儿发展的课程体系，努力形成以融合教育为特色，关注每一名幼儿的发展和需要，力求为幼儿的发展提供更加个性化支持的综合素养课程。这些课程包括以生态式艺术教育为主的个性化艺术课程，以健康生活体验为核心的阳光户外体育课程，以关注幼儿发展为本的融合教育研究课程实践，以及着眼于幼儿国际视野的第二种语言获得课程等。

正值北京大学附属幼儿园建园65周年华诞之际，"北大幼教丛书"顺利出版。首批出版的4本图书中，既包括近期研究热点的融合教育著作，又包括幼儿园在不同教育教学领域实践探索的新品力作。可以说，在当前大力发展幼儿教育事业的大背景下，这套来自幼儿园一线实践探索的园本课程丛书，不仅展示了北大幼儿园在建构有特色的学前教育发展的过程中所积累的成果，而且还能为推动具有文化底蕴和内涵发展的学前教育事业开启新的历程。

本套丛书涵盖的内容：

《幼儿美术活动设计》是一本在生态式艺术教育思想指导下探索实践的美术教学教师指导用书。它是幼儿园教师、美术专职教师、学前教育专业的学生、实习生和幼儿园工作者等学习和使用的参考辅助教材。全书包括4种美术表现类型，呈现了幼儿园教师美术教学活动中所需要的教学设计思路及操作指导，该书的核心目的在于为幼儿教育工作者提供促进幼儿艺术感知欣赏、富有想象的表达和创造性表现的教学指导策略，具有很强的实践性和操作性。

《幼儿体育游戏设计》是一本全面介绍幼儿园体育游戏活动的图书，它以幼儿脑体发展理论为基础，为构建以儿童体智能发展为中心的课程实践提供了指南。这既是一本历经教师多次实践、与时俱进的教师资源手册，又是一个展示幼儿园践行"完善人格，首在体育"教育思想的最佳的实践"窗口"。

《融合幼儿园中个别化教育计划的制订及实施》是一本高质量的普通幼儿园实施早期融合教育实践指导用书。融合教育是近几年教育界研究的热点，个别化教育计划被认为是指导特殊需要儿童融合教育最适宜的方法。该书详细地介绍了个别化教育计划制订的方法策略及在班级中的应用，为接纳特殊需要儿童的普通幼儿园以及从事融合教育工作的教师提供指导和帮助。

《幼儿园英语主题活动设计》是一本依据"幼儿主题情景学习"指导思想编写设计的幼儿园教师英语教育实用指导教材。随着幼儿教育日益国际化，幼儿的双语发展受到越来越多的家长和教师的重视。该书是在幼儿园多年实践经验的基础上，以幼儿最感兴趣的生活主题和游戏为切入点，通过深入挖掘幼儿的生活经验来为幼儿园开展英语教学活动提供指导，并以主题案例的方式阐明了对英语语言技能获得的支持性策略和方法，为从事幼儿英语教学工作的教师提供实践上的指导和帮助。

本套丛书的主要特点：

1. 内容丰富全面，经典性和前沿性相结合。

本套丛书符合幼儿发展的年龄特点，同时关注特殊需要儿童的发展需要，内容更为全面。从选题的角度来看，丛书反映了当前幼儿教育研究的热点和方向。从幼儿发展的角度来看，丛书集中在幼儿个性发展和健康发展，更加重视幼儿身心的全面发展，塑造"完整幼儿"。从教师发展的角度来看，丛书提出了美术、体育、英语和个别化教育的适宜设计方案，有助于教师教育教学的有效性。

2. 通适面广，读者对象更加多样化。

本套丛书除了主要面对在职幼儿园教师，探讨在职幼儿园教师教学设计技能的提升，为广大一线幼儿教育工作者提供切实的实践指导以外，也可成为专职教师实施教学的参考书和辅助教材。此外，在促进教师专业发展上，除了传统的职前培训，现今许多专业机构对教师开展的培训、评估和认证受到越来越多的欢迎和认可。因此，本套丛书也可用于教师培训，这为教师的专业发展提供了一条新的路径。

3. 实用性强，提供大量的教育指导建议。

理论和实践紧密结合，一直以来都是一线幼儿教育工作者努力践行的理念。本套丛书的一大亮点是以大量的教学案例为支撑，用极富操作性的案例说话，将一线幼儿教育工作者真实的教学设计思路、流程和建议作为宝贵的教学财富提供给读者，使读者在参考使用时有章可循，并引起情感上和方法上的共鸣。

本套丛书的编写工作由北京大学附属幼儿园组织专业骨干教师共同完成，是全体教育工作者集体智慧的结晶。为了保证编写的质量，整个编写过程经过多次反复推敲、交叉修正，编写团队的每一名教师都付出了巨大的努力和心血。在此，一并表示诚挚的感谢。

最后，感谢主要编写负责人为我们呈现如此令人鼓舞的作品，感谢北京大学出版社出版这套丛书，感谢几位编辑为这套丛书成稿所付出的辛勤劳动和提出的宝贵建议。如今，这套丛书即将与读者见面，恳请每一位读者真诚地批评与指正，并衷心希望这套丛书能对一线幼儿教育工作者的教学探索给予帮助，收获启发。让我们共同打造一片探索幼儿世界的新天地吧！

北京大学附属幼儿园
2017年3月

前　言

在北京大学附属幼儿园建园65周年、特教资源中心成立十周年之际，我们将个别化教育计划实践的多年经验梳理成册。

个别化教育计划的制订是一项非常烦琐的工作，个案负责人要整理大量的儿童资料，对儿童进行细致的观察，对家长进行多次访谈，时时与班级教师协商，不断揣摩、掂量每一条目标是否是最适合孩子的。参与相关工作的人员也是幼儿园最多的：园长、业务园长、资源中心主任、心理学博士、班级教师、专职教师、保健医生以及儿童家长。一份完整的个别化教育计划报告的形成可谓耗时耗力与群策群力。特教资源中心成立近十年以来，我们从未怠慢，从未放弃，一直坚持个别化教育计划的操作。因为这份计划有不可替代的价值，它帮助我们更全面地看待孩子的发展，更专业地为孩子提供个性化的支持和教育，让我们从容不迫、有理有据地开展学龄前融合教育。对于教师来说，每次制订与修订都有收获，都是修正已有经验、不断创新完善的过程：我们曾经调整过评估工具，调整过目标撰写的侧重点，调整过文本内容，增加过实施意见……一切的转变和调整都是为了让这份计划更适合孩子，更利于后期实施。

如今，个别化教育计划在北京大学附属幼儿园走过了近十个年头。在大家的努力下，我们为每一名特殊需要儿童制订了属于自己的一份计划。到目前为止，制订和修订的次数达100余次。多年的实践证明，个别化教育计划既是特殊需要儿童接受适宜融合教育的重要依据，是班级教师、特教教师、家长通力合作的纽带，又是开展学前融合教育的有利手段。学前融合教育迅猛发展之时，我们希望将十年来摸索出来的经验分享给更多从事学前融合教育的管理者和教师，让更多的特殊需要儿童受益。

本书共分为八个部分，其中第一部分是个别化教育计划概论；第二部分至第五部分是计划的制订部分，包含初步了解儿童——信息收集，全面了解儿童——儿童评估，目标制订、个别化教育计划的形成；第六部分是如何实施计划；第七部分是个别化教育计划的效果评估和再次修订；第八部分是其他教学活动举例。

本书中，所有个别化教育计划文本及班级案例均来自于一线教师，其中个案负责人有孟阁、解小兰；融合班级教师有邓敏、雷小娟、刘扬、宋海燕、武璇、尤凤娇。她们是怀着极高的热忱开展学前融合教育的代表。在本书的撰写过程中，她们提供了丰富的案例，在此表示感谢。

在学前融合教育的道路上，北京大学附属幼儿园一直都在大踏步地前进，我们希望借由《融合幼儿园中个别化教育计划的制订及实施》的出版让更多的特殊需要儿童受益，希望学前融合教育事业的发展有更美好的未来。

编 者

2017年5月

目 录

第一部分　个别化教育计划概论 ·· 1
　　一、个别化教育计划的产生背景 ··· 1
　　二、个别化教育计划的界定 ·· 3
　　三、个别化教育计划的意义 ·· 3
　　四、幼儿园个别化教育计划的制订和实施流程 ··· 4

第二部分　初步了解儿童——信息收集 ··· 7
　　一、信息收集 ·· 8
　　二、信息整合 ·· 10

第三部分　全面了解儿童——儿童评估 ··· 13
　　一、基本原则 ·· 13
　　二、评估的基本内容 ·· 14
　　三、评估的基本方法 ·· 17
　　四、问题行为的评估 ·· 25
　　五、评估结果的撰写 ·· 26

第四部分　目标制定 ··· 29
　　一、基本原则 ·· 29
　　二、基本格式 ·· 30
　　三、分领域目标制定举例 ··· 31
　　四、目标制定中的误区举例 ··· 35

第五部分 个别化教育计划的形成 ························· 37
   一、召开制订会议 ···································· 37
   二、文本示例 ·· 38

第六部分 如何实施计划 ··································· 50
   一、计划实施的几个要点 ······························ 50
   二、融合班级中的实施策略 ···························· 52
   三、个别补救教学中的实施策略 ························ 66
   四、家庭中实施建议 ·································· 74

第七部分 个别化教育计划的效果评价和再次修订 ··············· 76
   一、个别化教育计划的效果评估 ························ 76
   二、个别化教育计划的再次修订 ························ 79

第八部分 其他教学活动举例 ······························· 81
   一、班级融合活动 ···································· 81
   二、个别补救教学活动 ································ 83

参考文献 ·· 92

第一部分　个别化教育计划概论

　　学前融合教育逐渐成为特殊需要儿童接受早期教育的重要趋势，随着社会的不断发展，人类文明的不断进步，越来越多的幼儿园开始接纳特殊需要儿童，孤独症、发育迟缓、唐宝宝、脑瘫、听觉障碍、肢体障碍等类型的儿童出现在普通班级中。他们表现出来的发育差异性，不仅体现在与同龄儿童之间，也体现在不同障碍类型以及不同个体之间。学前融合教育在我国的发展还处于初级阶段，多数融合实践还都处于摸索阶段，如何帮助特殊需要儿童更好地融入普通班级中，成为学前融合教育现阶段的重要课题。

　　个别化教育计划的概念和理论在国内本土化的实践推动着特殊教育和融合教育的发展，成为教育管理者和教师的得力助手。在融合幼儿园中，个别化教育计划的制订和实施，成为特殊需要儿童融入普通班级的重要手段，它使园所、教师、家长受益，使特殊需要儿童以及普通儿童受益。

　　本章主要介绍个别化教育计划的产生背景、定义、意义以及制订的基本流程，为读者勾画个别化教育计划的基本轮廓。

一、个别化教育计划的产生背景

（一）个别化教育计划的缘起

　　个别化教育计划（Individualized Education Program，IEP），该理念产生于美国的特殊教育的发展。美国国会于1975年通过了《所有残疾儿童教育法》（*The Education for All Handicapped Children Act*，简称94-142公法），首次提出了个别化教育计划的理念。该法案指出，所有3—21岁的残疾儿童、青少年均应在最少受限制环境中接受免费的、适宜的公立教育。适宜体现为各州都应为每一名残疾儿童制订一份个别化教育计划。自此，个别化教育计划的制订和实施具有了法律效力。针对如何制订个别化教育计划，应包含哪些内容以及参加制订的人员等，该法案也做了详细的规定。《所有残疾儿童教育法》成为美国特殊教育发展过程中的一个重要里程碑，零拒绝、无歧视评价、个别化教育、最少受限制环境、家长参与、合法程序等基本原则在后续法案的几次修订中都得以保留和提升。

1986年美国国会通过了《残疾儿童教育法修正案》（*Education for the Handicapped Act Amendments*，简称99-457公法）。该法案将服务年龄向下延伸，覆盖了所有3—5岁学龄前幼儿及0—2岁婴幼儿，还规定要为0—5岁婴幼儿制订个别化家庭服务计划（Individualized Family Service Plan，IFSP）。1990年美国国会通过了《障碍者教育法》（*Individuals with Disabilities Education Act*，IDEA）。该法案将辅助技术纳入个别化教育计划的相关服务中，还将个别化教育的理念拓展，为每一名障碍者制订转衔计划（Individualized Transition Program，ITP）。1997年美国通过了《障碍者教育法修正案》（*Individuals with Disabilities Education Act Amendments*），该法案再一次完善个别化教育计划的制订要求，增加了父母在个别化教育计划中的重要性，强调不能脱离普通课程的标准，要求普通教育参与到儿童评估和计划的制订中。2004年美国通过了《障碍者教育改正法案》（*Individuals with Disabilities Education Improvement Act of 2004*），该法案继续推行特殊需要儿童学习普通课程的问题，加强对特殊需要儿童学业水平的评价，简化个别化教育计划的修订方式等。

美国国会在30余年间对特殊教育立法做了多次修订，如何更好地为特殊需要儿童提供个别化教育成为一个核心概念，根据实际操作中的问题，不断修正和完善，使得个别化教育计划为特殊需要儿童接受教育和支持服务提供了保障。

（二）个别化教育计划在中国的发展

我国第一部关于残疾人教育的行政法规《残疾人教育条例》中指出，"根据学生残疾状况和补偿程度，实施分类教学，有条件的学校，实施个别教学"。1994年国家教委颁布的《关于开展残疾儿童少年随班就读工作的试行办法》中指出，"对随班就读的残疾学生应当贯彻因材施教的原则，制订和实施个别教学计划"，个别化教育计划的概念和思想被写入特殊教育相关文件之中，但并未提及个别化教育计划的具体制订和实施细节。多数特殊学校、干预机构、部分融合中小学借鉴西方国家的做法，以校本课程、普通课程为蓝本，为特殊需要儿童制订个别化教育计划。当然，许多学者也发现个别化教育计划在制订和实施中存在较多问题，如制订过程流于形式，专业人员参与度低，计划与实际教学相脱节，等等。

我国港台地区的特殊教育一直跟随西方理念的发展，它们将个别化教育计划列入相关规定之中，其实施细则中写明个别化教育计划的含义、包含的内容及运用专业团队合作方式，针对身心障碍学生个别特性所拟订的特殊教育及相关服务计划。我国香港地区的个别化教育计划始于1984年的特殊需要儿童早期幼儿中心的融入行动，到2001年采取的"全校参与"式融合教育，个别化教育计划进一步在融合中小学发展起来。

二、个别化教育计划的界定

(一) 个别化教育计划的定义

个别化教育计划最初是美国《所有残疾儿童教育法》规定的一项内容,指的是"地方教育部门的代表、医生、心理学和教育学方面的学者、教师、学校负责人、社会工作者、学生家长或监护人共同组成小组,为每个被鉴定有残疾的学生制订一份书面教育计划,作为帮、教该学生的工作依据"①。与我国教育观念中"因材施教""个别化教育"的理念,以及幼儿教育中个性化教育支持有异曲同工之处。自该理念产生至今,个别化教育计划在全球特殊教育以及融合教育发展中不断本土化,支持着越来越多特殊需要儿童的成长。

幼儿园融合教育中个别化教育计划是指,在幼儿园体系内,为具有明确诊断的特殊需要儿童进行全面评估,并制定一份教育指导性文件,以期满足儿童个性化发展需求。个别化教育计划既是一个过程,又是一份文件;既"是特殊需要儿童教育与身心全面发展的一个总体构想,又是针对他们进行教育教学的指导性文件"②。

(二) 个别化教育计划包含的内容

美国《所有残疾儿童教育法》中写明,个别化教育计划应包含以下内容:(1) 儿童的现有教育成绩水平;(2) 年度目标及相应的短期目标;(3) 为该儿童提供过的具体特殊教育及该儿童参与普通教育计划的程度;(4) 服务开始的日期与预期期限;(5) 教育目标达成的标准、评估手段。③

根据融合幼儿园实践需要,个别化教育计划包含的内容主要包括:(1) 儿童当前的发展水平,即评估结果;(2) 长短期发展目标;(3) 问题行为及相关行为干预计划;(4) 特教支持及辅具计划;(5) 计划实施建议;(6) 转衔计划。制订计划的人员主要有:幼儿园行政代表,一般为幼儿园园长或业务园长;特教资源中心的主管;特教教师(或称专职教师),为个案负责人,主要负责计划制订过程中的专业技术以及各方人员的协调工作;幼儿园其他特教教师;融合班班主任教师及助教教师;保健室医生;家长。

三、个别化教育计划的意义

学前融合教育的开展不只是物理环境的融合,有学者提出,特殊需要儿童在普通班级中没有支持的随班就读就成为"随班就座"和"随班就混"。个别化教育计划成为融合教

---

① 朴永馨.特殊教育辞典[M].北京:华夏出版社,2006.
② 肖非.关于个别化教育计划几个问题的思考[J].中国特殊教育,2005,2.
③ 于素红.美国个别化教育计划的立法演进与发展[J].中国特殊教育,2011,2.

育的重要支持手段。

对于融合幼儿园园所来说，个别化教育计划的实施是推动园所融合教育开展的重要举措，是衡量幼儿园融合教育发展状况的重要指标之一，是以特殊需要儿童为核心做好各部门间协作、家园合作的重要手段，是个案管理的重要途径。

对于融合教师来说，通过个别化教育计划的制订，可以更科学、专业地了解特殊需要儿童的发展水平；凭借计划文本，普通教师、特教教师及家长一起设计更适宜的课程体系和指导策略，解决融合实践中的困境。制订计划和实施计划的过程还能帮助教师完成专业化成长。另外，个别化评估和个别化教育支持的思想可以延伸到普通儿童身上，使班级教师做到为每一名儿童的个性化教育提供支持服务。

对于特殊需要儿童来说，评估可以确定其发展水平，计划指引其成长发展的预期。教师通过计划来确定恰当的融合方式，使特殊需要儿童更容易在融合环境中受益和成长。

四、幼儿园个别化教育计划的制订和实施流程

幼儿园中个别化教育计划的开展主要分为两个部分：一是计划的制订、评估与修订；二是计划的实施。无论是制订还是实施，都需要多方面人员的协作。一般来说，评估和目标制定需要两周到一个月的时间，实施一个学期后就要对计划进行效果评估和修订，实施一学年后要重新对特殊需要儿童的发展和计划实施情况进行评估和审核，重新制订计划。具体制订和实施流程如图1-1所示。

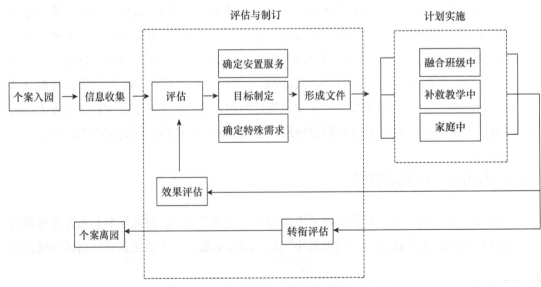

图1-1 个别化教育计划制订和实施基本流程

1. 信息收集。

信息收集指收集与个案相关的家庭信息、个案成长经历、医学诊断和评估、入园前亲子

课程、早期教育课程、特教干预等信息。这些信息可以帮助教师对个案及其家庭做出初步的了解，并建立与家长的联络，帮助儿童入园适应。这些信息可以通过与家长面谈的方式来收集。在信息收集的过程中，教师还能够初步了解到家长的育儿观念以及对孩子成长的期待。

2. 儿童评估。

通过评估工具、班级观察、家长访谈等方式对个案动作发展、语言发展、社会技能发展、生活自理、感官知觉等方面进行评价，了解个案客观真实的发展水平，撰写评估报告。该环节中，如儿童有行为问题，有能力的教师还应对儿童的行为问题进行功能性评估，撰写干预计划。但因行为问题有即时性，也可以仅写干预建议，在日常教学中需要对行为问题进行干预时再设计干预计划。

3. 确定儿童的特殊教育需求。

幼儿园大多以融合活动为主的支持形式，不能为特殊需要儿童提供诸如语言治疗、物理治疗、作业治疗、辅具使用等方面的特殊教育服务（如表1-1所示），当个案的成长有类似的需求时，我们将其列入个别化教育计划文件中，请家长自行寻找相应的支持服务机构寻求帮助。幼儿园可以协助家长进行干预后的活动泛化和效果评估工作。

表1-1 特殊教育服务明细[①]

专业人员	职责	需要的儿童情况
物理治疗师	评估儿童进行身体机能的评估，通过辅具、干预计划，最大限度地提升个体的运动机能	运动障碍、姿势异常、肌张力异常等发育迟缓儿童，如脑瘫儿童等
作业治疗师	选择和应用作业活动，通过评估、治疗和干预提高个体生活自理能力，能参与有意义的日常生活	发育迟缓、脑瘫、肌肉萎缩、脑损伤等儿童
语言治疗师	矫正儿童的发声和构音障碍，提升其语言沟通能力	语言发育迟缓的儿童，包括听觉障碍儿童、孤独症儿童、发育迟缓儿童等
听力矫正师	通过仪器评估儿童听力发展状况，给出佩戴设备的建议，制订康复计划	听觉障碍儿童
心理咨询师	通过个案访谈、行为观察及心理测验提供个体心理评估，改善个体心理问题	有情绪和行为异常的儿童

4. 确定儿童的安置服务。

即使在融合幼儿园中，根据特殊需要儿童能力的不同，也会有不同的安置形式。如半天融合、半天机构训练相结合；全天班级融合与部分时间资源中心补救性教学相结合；全天班级融合与特教老师进班支持相结合等。

---

① 黄瑞珍，等. 优质IEP——以特教学生需求为本位的设计与目标管理［M］. 台北：心理出版社，2007.

5. 初步拟定长短期目标。

根据评估结果，分领域撰写长短期发展目标，长期目标一般为一年期限，短期目标是对长期目标的分解，期限可以是一学期或更短时间。撰写时还应考虑长短期目标的衡量标准，即通过标准。

6. 召开制订会议，形成计划文件。

个案负责人召集相关人员，组成计划制订小组，召开计划制订会议。公布评估的基本情况和结果，逐条审核目标，确定安置服务和特殊服务需求，最终达成一致性意见，形成计划文件。

7. 计划实施。

个别化教育计划的实施可以有三种情境：融合班级中、补救教学中以及家庭中，需要班级教师、特教教师及家长的通力配合。

8. 效果评估。

每个目标都有其通过标准，计划实施一学期或六个月后，个案负责人及班级教师要对计划执行的效果进行评估，依据评估结果对计划进行修订和调整。

9. 转衔评估。

对于即将毕业的大班幼儿，升入融合小学就读还是转入特殊学校，个别化教育计划在园期间的最后一次评估即是为转衔服务的，通过评估帮助儿童升入适宜的学校。

个别化教育计划的制订和实施职责如表1-2所示。

表1-2 个别化教育计划（IEP）制订和实施职责表

IEP制订和实施流程	参与者	主要职责
信息收集	特教教师	制定信息收集表，与家长面谈
	家长	提供详尽信息
儿童评估	特教教师	借助工具的评量、班级观察、总结评估结果、撰写评估报告
	班级教师	班级观察，提供个案在班级中的表现，参与评估
	家长	提供个案在家中的表现，参与评估
评估行为问题	特教教师	观察评量，制订干预计划
	家长	提供个案在家中的表现，参与行为的评估
确定特殊需求	特教教师	根据个案情况提出建议
确定安置服务	特教教师、班级教师	根据个案情况确定支持服务模式
拟定长短期目标	特教教师	撰写个别化教育计划长短期目标
召开制订计划的会议	特教教师	公布评估结果及计划目标
	班级教师、园长及其他行政主管、家长	商讨计划适宜性
效果评估	特教教师、班级教师	逐条评估目标的达成情况 根据评估结果对目标进行修订
转衔评估	特教教师、班级教师	回顾在园成长发展情况 给予转衔建议

第二部分　初步了解儿童——信息收集

评估之前需要收集与儿童相关的基本信息，这是一个初步了解个案的过程。这些信息包括：家庭基本信息、父母身体状况、个案成长发育经历、医学诊断及检查、特殊教育干预情况、教育经历（如表2–1所示）。信息的提供者主要为父母，或者最为熟悉个案的家庭成员。

表2–1　信息收集明细表

家庭基本情况	父母年龄、受教育程度、职业； 父母的婚姻状况； 家庭结构，如是否有兄弟姐妹； 居住条件及居住环境； 个案主要照料者
父母身体状况	父母双方是否有家族遗传病； 母亲在怀孕期间的健康状况； 怀孕及生产经历，如是否有过流产； 父母的工作性质和环境； 母亲的分娩方式
父母育儿理念	对特殊需要儿童的观念； 对特殊需要儿童的成长期待； 父母双方在个案的问题上看法是否一致； 父母教养观念
个案成长发育经历	出生时的评估； 运动发展，包括坐、翻身、爬、站、行走等基本动作的发展情况，以及包含一定技能的运动状况； 语言发展，开口说话的时间，是否理解简单的语言等
医学诊断及检查	主要障碍的诊断结果； 相关的医学检查
特殊教育干预情况	在何种机构进行何种特殊教育干预，效果如何
教育经历	是否上过亲子班； 是否在其他幼儿园就读； 如上过亲子班或普通幼儿园，其老师对个案行为表现的简要陈述

一、信息收集

（一）家庭基本情况

家庭基本信息看似烦琐，但每一项对计划的制订和实施都有参考价值。父母婚姻状况的不同（正常、分居、离异）决定着谁是计划的主要实施者。如果家庭中有兄弟姐妹，那么就可以让个案通过同伴间的模仿进行学习，增加个案在家庭中的社会性目标。居住条件至关重要，如果居住地周围有游乐设施，就可以促进个案动作和社会性的发展；如果周围有超市、商场等，就可以发展其社会和语言等方面的能力；居住在没有电梯的楼房内，个案会有更多锻炼上下楼梯的机会。另外，如果父母工作很忙，主要照料者是爷爷奶奶时，计划的制订和实施就要更加具体，更要具有可操作性。

（二）父母身体状况

虽然多数的特殊需要儿童出现问题的原因不明，但通过对其父母身体状况的调查，可以让教师对个案的家庭状况有更深入的了解。如有的父母的工作环境存在大量辐射，家族中有过孤独症的个案等。但是作为教师，不能通过父母的身体状况的信息推断个案出现问题的原因。

（三）父母育儿理念

父母在对待特殊需要儿童上是否有客观、接纳的观念影响着个别化教育计划的制订和实施，更加影响着学前融合教育的开展。我们曾对在园的特殊需要儿童家长做过分析，如表2-2所示。

表2-2 家长观念与教育参与情况

家长类型	对儿童障碍的看法	教育及干预观念	对儿童的期待	参与幼儿园活动的情况
挑剔型家长	放大儿童的障碍，用障碍解释儿童所有的行为和发展状况。在班级中仅看到自己孩子与普通儿童的差距。认为障碍是一种病，是可以治疗或治愈的	不断寻求各种医学手段、高强度训练、补救教学等弥补孩子的障碍，使之追赶普通儿童的发展水平	幼儿园毕业后顺利进入普通教育系统，乃至完成大学学业，寻求学业上的成就感	关注个别补救教学多于关注班级融合活动，并在幼儿园外做大量的辅助训练
逃避型家长	仅仅看到孩子的长处，避免谈及孩子的障碍	往往用环境归因的方式分析孩子出现的行为问题。对教师的教育行为提出更高要求	虽然也担忧孩子的障碍是否会影响后期发展，但是坚信随着年龄的增长，孩子的障碍会有所减轻，甚至消失	逃避与老师深谈孩子的障碍问题，避免参加幼儿园集体活动，如家长开放日、春游

续表

家长类型	对儿童障碍的看法	教育及干预观念	对儿童的期待	参与幼儿园活动的情况
悲观放弃型家长	认识孩子障碍的严重性多过对孩子的发展期待	对孩子的发展失去信心，因此放弃各种干预机会	幼儿园是暂时的托养机构；毕业后计划选择专门特殊学校或请人养护	听从老师的安排。更多的努力放在对孩子的养护和后期抚养方面的计划中
客观型家长	了解孩子的障碍类型，比较全面地认识孩子的优劣势	能够看到孩子点滴进步，与孩子共同成长	幼儿园为孩子提供良好的普通教育与环境，根据孩子的发展状况，分阶段选择适合孩子的学校或干预机构	定期与教师讨论孩子的发展状况，配合完成知识的巩固和能力的泛化

家长在得知自己孩子是特殊需要儿童后，随着时间的推移和了解的深入，观念会有所改变。我们希望通过观念的影响，使得所有的家长都成为客观型家长，全面地看待孩子存在的长处和不足，积极进行干预和支持性教育。

（四）个案成长发育状况

通过此项可以了解特殊需要儿童从出生到现在身体发育的情况，有的特殊需要儿童出生时就发育异常，如先天性代谢异常、唐氏综合征（21-三体综合征），出生时窒息致大脑缺氧；也有的儿童在出生后几年并未表现出明显异常，入园后才发现有发育或成长异常。这些情况都需要家长回顾个案的成长发育经历，从动作发展、语言发展、社会技能发展等方面寻找个案发育的真实状况。如个案是否在常规的时间内会翻身、会爬、会独立坐，个案何时说出第一个字等。

（五）医学诊断及检查

家长发现个案在发育上与同龄儿童存在差距时，首先想到的是到医院寻求帮助，进行各种评估和诊断，期望通过医学手段"治愈"特殊需要儿童，无奈下才会转为特教干预和学校教育。对于提供教育支持的幼儿园来说，儿童大量的医学检查，包括主要障碍类型的医学诊断，仅作为参考，不能作为评估和教学的依据。每名幼儿都是不同的，即使同为孤独症谱系障碍儿童，他们在各领域的发展状况也各不相同。医学诊断仅可以作为教育和支持服务方向性的参考。

食物过敏及禁食的检查较为重要，是班级保育的重要参考。有的儿童吃了某种食物后会异常兴奋，经医院检查确诊后，要写入计划文件中。

（六）特殊教育干预情况

尽可能详尽地了解特殊需要儿童在机构接受的干预服务和效果，包括何时开始在何种机构接受干预，干预的主要内容及形式是什么，干预的效果如何。对这些信息的了解为更好地从机构到融合幼儿园转衔，为融合安置形式的确立提供依据。

（七）教育经历

教育经历是指个案在入园之前的教育安置形式，对了解个案的适应性和发展有重要意义，内容包括是否上过早教班或者短期兴趣班，是否上过其他幼儿园、机构或学校，上课时间以及在校表现情况。

二、信息整合

资料的收集不是表格的堆砌，个案负责人与个案的父母面谈结束后，应对所收集的数据（如表2-3所示）按类别进行整合（如表2-4所示）。

表2-3 个案信息表

基本信息					
姓名	小明（化名） || 性别	女	出生日期	2006年10月19日
班级	中班		提供信息的人		爸爸、妈妈	
家庭基本信息					
	姓名	年龄	受教育程度	职业	联系方式
父	***	36	硕士	外企经理	电话：136******** 邮箱：********@*****
母	***	32	硕士	外企经理	电话：138******** 邮箱：********@*****
婚姻状况	正常（√） 分居（ ） 离婚（ ） 再婚（ ） 丧偶（ ）				
家庭结构	祖孙三代同住（√） 两代人同住（ ）				
同胞状况	无				
居住环境	住宅区（√） 业区（ ） 高层（√） 平房（ ）				
主要照料者	父母（ ） 祖辈（√） 其他（ ）（请注明）				
父母身体状况					
幼儿出生时父母的年龄	母亲（27）岁 父亲（31）岁				
怀孕期间健康状况	良好（√），异常（ ）（请注明）				
母亲家族遗传史	无		父亲家族遗传史		无
分娩方式	自然分娩（√）剖腹产（ ）原因：				
出生时婴儿健康评估	正常				
发育经历					
运动方面	独立坐（10）月 爬（15）月 独立站（25）月 独立行走（25）月 运动技能（如跑、攀爬、上下楼梯、拍球、骑车等）上，良好（ ），异常（√） 具体表现 骑车好，喜欢跳舞，有一定模仿能力 精细动作（操作类活动）能用筷子吃饭，涂鸦；剪纸差 左/右利手（右）				

续表

语言方面	第一个字（24）月，有意义地表达2—3个字（38）月 口部运动（如吸吮、咀嚼、流口水等），良好（√），异常（　） 语言理解，能听懂简单的话（√），异常（　）		
生活自理	大小便情况 独立如厕较晚，现在会自己上厕所 进餐情况 能自己进餐，掉饭粒 过敏或禁食情况 无 个人清洁 能自己洗手，洗脸等需要协助		
社会互动	理解手势：是（√），否（　）； 理解社会线索（高兴、不舒服）：是（√），否（　） 与同伴互动 可以与同伴问好、再见，希望与同龄儿童玩 与成人互动 可以		
其他	幼时喂养困难，吐奶，消瘦厉害，37个月左右发现代谢异常。		
医学诊断			
主要障碍诊断	时间	医院	结论
	2010.4	北京儿童医院	发育迟缓 （甲基丙二酸尿症）
其他医学检查	无	用药情况	无
干预情况			
时间	机构	干预内容	干预效果
2010.4—2012.2	**康复中心	一对一个别辅导 语言、音乐、水疗等	口语表达、动作发展上有进步
教育经历			
时间	学校	类型（早教/幼儿园）	就读时间
2010.4—2010.9	**幼儿园	小型融合幼儿园	半天

表2-4 个案信息整合表

小明个案综述

小明，女孩，2006年10月19日出生。与父母、姥姥住在一起，无兄弟姐妹。居住环境为住宅小区高层。

小明出生时爸爸31岁，妈妈27岁。妈妈在怀孕期间无健康问题，父母双方无家族遗传病，自然分娩。小明出生后医院评估正常。但在喂养上困难，频繁出现吐奶，消瘦。后于37个月左右发现代谢异常，经医院检查确诊为甲基丙二酸尿症，表现为发育迟缓。

运动方面，各项发育指标晚于同龄儿童，10个月会独立坐，1岁3个月左右会爬，2岁1个月会独立站，有一定的模仿能力；语言方面，2岁会说ba ba、ge ge，3岁多能够把2—3个字连着一起表达，l、n、q等发音不好。有一定的语言理解力，没有口部运动问题；有一定的自理能力，如如厕、维持简单的清洁，吃饭无禁食。

2010年4月在康复机构进行康复，接受了包括语言、音乐、水疗等方面的个别辅导，后参加机构的融合班，效果较好。

家长能客观看待儿童的成长发育状况，对儿童后期的成长期待较为理性。

信息收集和整理中需要注意以下几点。

1. 信息的提供者一定是最为熟悉幼儿的照料者。父母不一定是最熟悉儿童的人，为了更客观地了解儿童，提前告知父母，邀请祖辈或保姆来园参加座谈。

2. 联系方式中邮箱和电话同样实用。

3. 信息表的填写方式。最好请家长来园，通过与家长面对面的方式进行沟通，不要把表格直接给家长让其独立填写。通过沟通，不仅能够了解幼儿及其家庭客观信息，也能了解家长的育儿理念及对待特殊需要儿童的观念。

4. 设计表格来进行资料收集使得思路更加清晰，但资料的收集不是表格的堆砌，需要教师对表格中的内容进行梳理，整理成为个案综述。

★ **想一想，做一做**

1. 请设计一个用于资料收集的表格，尽可能多地了解特殊需要儿童及其家庭的基本信息。

2. 根据表格内容撰写个案综述。

第三部分　全面了解儿童——儿童评估

一、基本原则

（一）客观性

无论用何种评估方式，要尽可能地摒弃评估者的主观性，评价儿童发展的真实水平。以下三点可以帮助评估者获取客观性数据。

第一，多人参与评估。

特教教师是个案负责人，主导整个评估过程，但是班级教师以及家长也要参与到评估之中，他们能够关注到个案在不同场景下的表现，他们会有不同的视角和意见。三方面评估意见的整合在一定程度上能避免主观性的判断。

第二，不要揣测儿童的表现。

尽量不要通过回忆的方式对个案的表现进行评估，无论用评估工具或现场观察，都要当面获取真实有效的信息。例如，孤独症儿童具有三个方面共性的发展障碍，但不能用共性的发展问题衡量每一名儿童。每一名儿童的发展都是独一无二的。

第三，在个案最自然的状态下对其进行评估。

个案在自然状态下的表现是最真实的。个案不熟悉评估教师和不熟悉场地的情况下都不是评估的最佳时机，特教教师可以在熟悉个案一周以后再对其做评估。

（二）全面性

全面性主要涉及以下两个方面。

第一，不仅关注个案发展的不足，还要发现个案发展的优势。

当一名儿童被诊断为特殊需要儿童后，他人容易以偏概全，用障碍问题看待儿童的所有表现。要杜绝这种做法，全面地了解和评估儿童。在评估的过程中，可以参考普通儿童的发展状态，但不要一味地与普通儿童做对比，因为在对比之下，特殊需要儿童的发展都将是弱势。我们要进行更多的个案自身各领域之间的对比，或领域内各项目的对比，分析出个案发展的优势和弱势。

第二，多领域的评估。

儿童的发展是全人的发展，要从多个领域评估个案的发展状态，不能顾此失彼。对语言发育迟缓的个案不仅仅要进行语言领域发展的评估，对孤独症儿童也不仅仅从社会性、语言等方面进行评估。特殊需要儿童是一个完整的个体，其在各领域的发展都存在相关性，所以对每一类特殊需要儿童都要从多领域进行评估，做到评估的全面性。

（三）时效性

与同龄儿童相比，特殊需要儿童的发展较为缓慢，但随着年龄的增长，他们在各方面都会有变化，所以评估的间隔时间不宜过长，以2周为宜。时间太长，评估结果的真实性、客观性就会受到影响，制定出来的目标的适宜度也会降低。

二、评估的基本内容

评估的基本内容包括从哪些方面衡量儿童的发展，所以往往也是课程的来源。《指南》中主要从五个方面看待儿童的学习与发展。

1. 健康方面：身心状态、动作发展、生活习惯与生活能力。
2. 语言方面：倾听与表达、阅读与书写准备。
3. 社会方面：人际交往、社会适应。
4. 科学方面：科学探索、数学认知。
5. 艺术方面：感受与欣赏、表达与创造。

美国高宽课程中提出幼儿发展的五个方面，也以此作为课程内容，包括学习方式，语言、读写和交流，社会性和情感发展，身体发展和身心健康，艺术与科学，并确定了58项关键性发展指标。

对于特殊需要儿童的评估内容方面，我国台湾地区在相关规定中指出，学生各项能力的现状应包含：认知能力、沟通能力、行动能力、情绪、人际关系、感官功能、健康状况、生活自理能力、学业能力等。大陆的特殊学校或机构设置的内容主要集中在七大领域：粗大动作、精细动作、感官知觉、认知能力、语言沟通、生活自理和社会技能。从特殊需要儿童的发展来看，这样的内容维度更具针对性。因此，根据幼儿园儿童发展和课程设置特点，在融合幼儿园中，我们可以结合儿童在园表现，以七大领域作为评估的主要内容。尽可能做到七大领域与幼儿园五大领域的结合，尽可能反映儿童在园的真实状况。

（一）粗大动作

粗大动作发展是机体发展的基础，可以分为三类：（1）姿势控制类，如能够静坐、独立站，能够进行头部控制等；（2）基本动作类，如抬头、坐、站、走等；（3）技巧性动作，需要个体使用多个肌肉群做出反应，如走平衡木、跳绳、拍球、上下楼梯等。

相对应的是在《指南》健康领域中列举的发展目标：（1）健康的体态；（2）具有一定的平衡能力，动作协调、灵敏；（3）具有一定的力量和耐力。健康的体态是基础，与姿势控制相通，动作发展包括基本动作和技巧性动作。

具体而言，粗大动作领域所要了解的信息有：

1. 个体是否能够坐、蹲、站？
2. 个体是否能自如地行走、跑跳、攀爬和进行平衡运动？
3. 个体是否能与他人或器械进行互动？

（二）精细动作

精细动作主要反映了个体操作时手部动作的能力，体现了手眼协调性，主要包括捏、抓握、翻转、搓揉、提取、点戳等。它所对应的是《指南》健康领域中的"手的动作灵活协调"，包括：

1. 个体手指的基本运动如何？能否戳、点、捏、摁？
2. 是否能够操作工具？如笔、勺子、筷子的使用。
3. 手部动作的灵活性如何？如折纸能力、捏泥技巧、手指游戏等。

在《指南》中手部精细动作仅作为健康领域的一个部分，但在特殊需要儿童评估中会单独作为一个内容，因为特殊需要儿童手部精细动作的问题比较普遍，精细动作的发展也影响着个体生活自理、游戏活动等的参与度。如果一个儿童精细动作较差，在融合活动中，他会出现不会用工具、不会操作玩具材料、无法参与到集体活动之中等状况。

（三）感官知觉

个体通过感官能力，视觉、味觉、听觉、嗅觉、触觉、平衡觉来感知和体验周围的环境，帮助大脑获取信息，做出适当的反应。通过个体感观知觉的发展，个体才能从具体到抽象，对环境和社会产生认识，逐渐建立复杂的思维和认识。

感官知觉在《指南》中并没有相应的节段，而是渗透在多个领域，如语言领域中的"认真听并听懂常用语言"，科学领域中"在探索中认识周围事物和现象"以及艺术领域的"喜欢欣赏多种多样的艺术形式和作品"。对于普通儿童来说，视觉、味觉、听觉、嗅觉、触觉、平衡觉等感官能力的发展会随着年龄的增长而自然发展起来，成为探索周围世界的基本能力。特殊需要儿童会有某些感官或多感官整合的欠缺，具体包括：

1. 听觉能力的发展与运用情况。其听力是否达到基本的标准？不仅仅包括融合班级中佩戴助听器或做了人工耳蜗的听觉障碍儿童。当然，某些孤独症儿童对呼唤无反应，这不一定是听觉的问题。
2. 视觉能力的发展与运用情况。是否能看清眼前的物体？是否能够通过视觉感知身边人、事、物的变化？
3. 味觉能力的发展与运用情况。是否有味觉感受？是否有味觉分辨能力？

4. 触觉能力的发展与运用情况。是否愿意通过触觉感知环境？是否有一定的触觉分辨能力？

5. 嗅觉能力的发展与运用情况。是否有嗅觉感受？是否有嗅觉记忆？

（四）认知能力

认知能力是个体成长和发展的基本能力，包括注意力、记忆力、理解力、想象力、推理能力、解决问题的能力、空间概念等。

该部分对应的是科学领域中目标的发展，如"具有初步的探索能力""在探索中认识周围事物和现象""初步感知生活中数学的有用和有趣""感知理解数、量及数量关系""感知形状和空间关系"，内容包括：

1. 是否理解基本的物体恒存性？
2. 是否有一定的注意力？
3. 配对和分类的能力如何？
4. 数、量概念的发展如何？
5. 认识周围物品的能力如何？
6. 是否能理解事物内在的因果关系？

（五）语言沟通

语言是思维、表达和传递信息的基本工具，是个体思维发展的重要标志之一，主要表现为听、说、读、写。在学龄前阶段主要关注听和说两个方面，即能够听懂别人说的理解性语言和表现需求、想法的表达性语言。阅读和写作在学龄前特殊需要儿童中被关注较少。与《指南》中的语言领域相呼应，主要包括：

1. 个体是否能够听懂基本的语言？
2. 个体是否能表达出自己的需求和想法？
3. 语言的合理运用状况。
4. 阅读和基础书写状况。

（六）生活自理

生活自理能力是个体能够独立生活的基础，它是多个能力的整合，是个体动作发展的重要体现。与《指南》健康领域中的"具有基本的生活自理能力"相对应，内容包括：

1. 儿童的进食状况。
2. 儿童的排便状况。
3. 儿童保持个人清洁状况。
4. 儿童睡眠状况。
5. 儿童整理个人物品的能力。

（七）社会技能

社会技能发展指的是个体与周围人和环境互动的能力，包括交往的意愿、社会交往的技巧、使用社区设施的能力、团队合作能力等。社会技能是个体多种能力整合运用的表现，也是高级能力发展的重要表现。相对应的是《指南》中社会领域的各个发展目标，包括：

1. 个体与同伴互动的情况。
2. 个体参与社区活动的状况。

在评估过程中，要认识到特殊需要儿童首先是儿童，特殊需要儿童与普通儿童的发展评估内容有相通之处，如粗大动作和精细动作、生活自理能力的发展和健康领域相通，认知能力的发展可以归为科学领域或学习品质，语言沟通和语言领域相通，社会技能发展和社会领域相通。只是根据特殊需要儿童的特殊性，增加了感官知觉能力的评估。在特殊需要儿童的发展评估中没有设置艺术领域，这也与特殊需要儿童的紧要发展目标相关。

三、评估的基本方法

评估是评估者通过多种方式收集个体现有发展状况，整理和分析数据，得出个体现有发展水平的过程。在融合幼儿园中可以采用两种方式对特殊需要儿童进行评估：借助工具的评估和观察评估。

（一）工具评估

首先要区分两种评估方式：发展性评估和诊断性评估。

1. 发展性评估。这些评估一般有标准化测验，具有完备的实测程序，经检验有较高的信度和效度，有常模可以参考。测验结果出来后，可以得出个体在群体中的发展位置。通过这个评估结果可以了解特殊需要儿童与普通儿童发展的差距，如4岁的特殊需要儿童在语言上的发展相当于2岁普通儿童的发展状况。当然，可以通过对比出来的差异性，发现个体在各领域间发展的均衡性，如语言为2岁水平，动作在4岁水平，这说明动作发展优于语言的发展。但是与同龄普通儿童相比较得出的发展性评估结果的缺陷是，仅仅看到特殊儿童的发展缺陷，却无法指导具体教学，无法指导融合教育实践。

2. 诊断性评估。通过家长提供的信息，可以看出特殊需要儿童是否具有某种障碍，诊断性评估的主要功能是诊断和筛查。如注意力缺陷多动症评估、孤独症测查。类似的评估还有：用于情绪与行为评估的康纳斯行为检查表、阿肯巴赫儿童行为检测表；诊断孤独症的ABC、CHAT量表；以及较常使用的韦氏智力测验等。通常情况下，评估者（多为医学人士）会结合儿童的行为表现做出诊断。这些评估只能得出一个诊断结果，即个体是否存在障碍，同样不能指导教学。

另外，发展性评估和诊断性评估都需要评估者受过专业的培训和具有多年的临床经验。融合幼儿园教师不能进行此类评估。

区别于上述两种评估方法，较为合适的是课程本位评估。其评估内容源于幼儿的发展状况和课程表现，教师通过观察和记录得出个体在多领域中的发展状态。该工具的优势是：（1）评估内容源于幼儿发展和活动内容，可直接在日常生活中观察；（2）评估更接近幼儿的发展水平；（3）评估结果可以直接指导教学，甚至可以作为教学内容。

可参考使用的评估工具有以下几种。

《双溪个别化教育课程》

该课程是特殊教育领域中开发较早、较为经典的课程之一。20世纪80年代末由多个领域的人员共同参与、历时三年开发的一套专门适用于3—15岁中、重度智障儿童、少年的课程。该课程后经过修订，很多特殊学校和特教机构都在应用。

该工具从七大领域衡量个体发展：感官知觉、粗大动作、精细动作、生活自理、沟通、认知、社会技能，每个领域包含多个技能，每个技能包含多个目标。每个目标都有四个评分标准：0分指的是个体无法适应环境，1分指的是个体需要特别的协助才能适应环境的需要，2分指的是个体需要重点协助才能达到适应环境需要的水平，3分指的是个体已经具有适应环境的能力（如表3-1所示）。

表3-1 《双溪个别化教育课程》举例

1　感官知觉
1.1　视觉的运用
1.1.1　视觉敏锐度
0　盲或无视觉注意力
1　只能看到眼前约三十厘米远之小物体
2　能看到眼前约一至二厘米远之小物体
3　能看到眼前约三米远之小物体
2　粗大动作
2.1　姿势控制
2.1.1　头部控制
0　当坐着时，头部需完全支撑，才能维持在身体正中位置
1　将其头部摆正后，可维持在正中位置
2　可自行控制头部，但在变换姿势时，动作稍有困难
3　头部能自由转动，且当变换姿势时，能随时保持平衡
3　精细动作
3.1　抓放能力
3.1.1　拇指与食指捡取小物体
0　无法抓握物体
1　以整个手掌抓握物体
2　以中指、无名指、小指抓握物体
3　以拇指、食指捡取小物体

该评估工具在使用中的优点是：（1）具有发展性，每个项目都是从个体发展的四个水平出发，由易到难，通过单次评估可以了解现状，通过多次评量可以看到个体发展的过程，能够看到儿童不断进步的过程，或后期发展的方向；（2）从儿童的发展需求出发，教师可以较为容易地制定目标，依据评估状况，评估者很容易找到个体下一步要发展的目标，而且长短期目标的制定较为容易；（3）操作性强，作为一本独立的手册，特教教师、普通教师及家长均可以依据自己对个案的观察进行评估。

将此工具用于学龄前儿童时，也存在不足的地方。如许多终点目标适合大龄儿童，如剪指甲、写作、职前技能等，对学龄前儿童来说没有评估的价值。学龄前儿童在某些目标上得分较低，但并不能说明其发展较差，只是因为学龄前儿童还未发展出相应的能力。

《北京市学前特殊需要儿童融合教育个别化教育手册（试用）》

这是2009年由北京联合大学特殊教育研究所研发、供北京市学前融合教育项目使用的一套工具。其操作手册包含：儿童个案登记表、教育需求测评表、教育训练目标等。

该工具的测评部分将特殊需要儿童发展划分为六大领域（运动能力、感知能力、认知能力、语言交往、生活自理、社会适应），每一领域包含多个类别，以0—5级计分（如表3-2所示）。

表3-2 《北京市学前特殊需要儿童融合教育个别化教育手册（试用）》举例

1.运动能力

编号	项目	测评			领域侧面图			
		日期	日期	日期				
1.1	能头部控制							
1.2	能翻身							
1.3	能坐							
1.4	能爬							
1.5	能走							

该工具依据特殊学校课程研发，适用于学龄前儿童。使用时的优点是条目清晰，目标设定可以指导教学。但也存在不足之处：（1）测评标准不够细致和准确，缺少标准的等级，计分难以去除主观性成分；（2）该工具为融合教育设计，但评估内容与幼儿园融合实践差距较大，评估内容无法脱离特殊学校。

《婴幼儿评量、评鉴及课程计划系统》

这是一套完整的课程本位的评量工具，适用于3—6岁儿童，涵盖个体发展的六大领域（精细动作、粗大动作、生活适应、认知、社会沟通、社会）（如表3-3、表3-4所示）。

表3-3 《婴幼儿评量、评鉴及课程计划系统》举例

领域	条目
精细动作	摆弄物品、写前技能
粗大动作	站立及行走时的平衡和移位、游戏技能
生活适应	饮食、个人卫生、穿脱衣服
认知	参与、概念理解、分类、序列、回忆事件、问题解决能力、游戏、前阅读和前书写技能
社会沟通	社会互动性沟通、词语与句子的表达
社会	与他人互动、与环境互动、认识自我和他人

表3-4 《婴幼儿评量、评鉴及课程计划系统》社会沟通领域举例

A. 社会互动性沟通
  G2. 使用会话规则
    2.1 轮流扮演说者和听者的角色
    2.2 回应别人转换的话题
    2.3 问问题要求澄清
    2.4 回应后续相关的话题
    2.5 主动谈起与情境相关的话题
    2.6 回应他人谈起的话题

该工具在使用中有明确的评估方法和通过标准，使用者可以较客观地对儿童进行评价。

《VB-MAPP语言行为里程碑评估及安置程序》

VB-MAPP评估以儿童语言、学习和社会发展为基础，包含客观评量标准、障碍评估、转衔评估以及任务分析和技能追踪等。

VB-MAPP评估提供了计分标准、各项举例，以及对每个里程碑、障碍和转衔的进一步解释，并为评估者提供了一般计分标准说明和各种测试窍门。利用该评估工具能够制定干预和教育的优先重点，以及有意义的和能够实现的个别化教育计划目标。

对于幼儿园评估者而言，需要注意的是任何一种评估工具都不能直接拿来使用，都需要经过专业的培训、细致的学习，运用评估工具进行大量的实操练习。而所有评估的基础是评估者已经严格把握好普通儿童各领域发展状况，熟悉特殊需要儿童的发展情况和发展需求。

（二）观察评估

观察评估是工具评估的有利补充，主要是针对特殊需要儿童班级活动参与度的观察。任何工具都无法替代教师对儿童在活动中的观察。

班级观察分为按照幼儿园活动类型观察、按照活动流程观察以及选取时间段的量化观

察。

1. 按照活动类型观察。

幼儿园活动类型包括生活活动、区域活动、教学活动和户外活动四个方面，针对每个活动类型，还可以再细分，如表3-5所示。

表3-5 按照活动类型的班级观察明细

活动类型	活动内容	观察内容
生活活动	盥洗	洗手、刷牙、擦嘴、挂毛巾
	就餐	餐前准备、取餐、使用就餐工具、餐后收拾
	如厕	如厕意识、表达便意、脱裤子、提裤子、冲水
	午睡及其他	脱衣服、整理与摆放衣服、入睡与醒来情绪状况
区域活动	各活动区域	选择进区、区域规则的理解、喜欢的区域、材料操作情况、同伴互动等
教学活动	音乐游戏活动	注意力、同伴互动、参与方式、完成作品的情况等
	科学操作活动	
	语言表达活动	
	手工操作活动	
	其他	
户外活动	集体户外游戏	动作发展、游戏规则的理解、同伴互动、参与方式
	体操	动作发展、参与方式
	分散游戏	动作发展、同伴互动、玩耍器械情况

观察者如实记录儿童在各个活动中的表现，记录儿童可以做到的以及需要支持才能做到的。这种观察方式对班级教师最为实用，每天做简要的记录，即可完成对儿童各领域的评价。

2. 按照活动流程观察。

对于班级教师来说，根据一日生活流程进行观察，更易于记录和梳理。我们可以设定以下几个活动的观察，包括入园、就餐环节、活动区活动、教学活动、户外活动、午睡和过渡环节。可以设计便于记录的表格，用于班级教师和助教教师的观察，如表3-6所示。

表3-6 特殊需要儿童一日活动情况记录表

幼儿姓名	小明（化名）	所在班级	大三班	观察者	尤老师	观察日期	2015年6月9日
问好与道别	1. 不理睬任何人（　） 2. 需要他人多次提示（4次以上，包含4次）（　） 3. 需要他人的几次（1—3次）提示才能完成问好（或道别）行为（　） 4. 能在他人的引导（如眼神）下与老师或小朋友问好（或道别）（　） 5. 能主动与老师或小朋友问好（或道别）（√）						

续表

一、区域活动	
情况：自己选择表演区，听音乐晃动身体，不会模仿同伴装扮自己，对同伴发起的对话偶有回应。 无所事事（　　），独自游戏（　　），平行游戏（√），协作游戏（　　），合作游戏（　　）	
同伴互动	1. 在教师的引导下，跟小朋友没有任何互动； 2. 在教师的引导下，跟小朋友进行较短时间的互动 √5； 3. 能主动跟小朋友进行较短时间的互动； 4. 能主动跟小朋友进行较长时间的互动
区域活动的指导策略：引导同伴邀请小明参加活动。言语提示小明基本游戏规则 （备注：请在括号和横线处记录时间，单位为分钟）	
二、教学活动	
活动名称	语言活动《课间10分钟》
活动内容	1. 了解课间10分钟； 2. 课间10分钟我可以做什么； 3. 用画笔画出课间10分钟我想做的事情
静坐	1. 左顾右盼，无法安静地就座，需教师强制执行（　　）； 2. 能够坐在椅子上，但需要教师的提醒，维持10分钟（含）以上（　　）； 3. 能够坐在椅子上，坚持10分钟（含）以上（√）
注意力	1. 左顾右盼（　　）； 2. 坐在课堂中，没有关注教师所讲内容或玩弄自己的玩具（　　）； 3. 在提示或帮助下，对教师所讲内容做出反应（√）y3（辅助方式）； 4. 能够对教师所讲内容做出反应，如抬头、微笑，甚至举手作答（　　）
活动参与度	1. 无法参与活动，无法完成作品（　　）； 2. 被动地参与活动，完成作品较为困难（√）z4（辅助方式）； 3. 在教师的协助下参与活动或完成作品（　　）（辅助方式）； 4. 能够独自参与活动或完成作品（　　）
三、生活自理（描述）	
盥洗	喜欢玩水，肥皂冲不干净，需要教师提示
进餐	能够自己取餐和进餐。饭后收拾做得较差
穿脱衣服	可自己穿脱单衣、单裤，穿脱袜子需教师肢体协助
如厕	在有便意时主动到厕所解决
四、户外活动	
课间操	1. 不参与（　　） 2. 在教师肢体辅助下做简单的体操动作（　　） 3. 在教师的言语提示下做简单的体操动作（　　） 4. 能够模仿教师做部分简单的体操动作（√） 5. 能够模仿教师做完整的体操动作（　　）

续表

活动类别		活动情况	辅助方式及次数
集体游戏	走	可以独自行走	
	跑	需教师拉着手跑，还不能独自跑。胆小	
	跳	能够向前跳一下。肢体辅助下可连续向前跳	z3
	钻	需在言语提示下才能完成	y2
	爬	动作较为缓慢	
	投	手部力量较弱，投掷距离近	
	平衡	不敢走平衡木	
分散游戏		不上大型玩具，怕被小朋友碰到。喜欢围着老师玩手头玩具	

填写说明：
1. 请在认真观察幼儿的基础上填写此表。
2. 请阅读每一项，在最符合幼儿表现的选项上标记"√"。
3. 各选项前数字表示程度的不同，没有好坏之分。当出现不确定选项时，请按照"就低不就高"的原则选择。
4. 区域活动部分的游戏类型和教学活动中的注意力为多选，请标注时间，单位为分钟。
5. 辅助方式记录办法：肢体辅助记为z，言语辅助记为y，表情暗示记为b；次数用数字表示。如，言语提示3次记为y3。

班级教师每天对儿童的表现进行详细记录，两周后就可找到儿童在各项活动中发展的共性状况。

3. 选取时间段的量化观察。

这种方法更适合于外来观察者，如专职教师。选取一个时间段，通过量化分析，得出个案在某方面的发展。

例如，想了解区域活动中个案在同伴互动中的表现。

选择10分钟为观察时间段，拍摄录像。将10分钟分为40个节点，即15秒为一个节点。用瞬间时间记录的方法，即在每个时间节点上观察并记录个案与同伴的互动方式。

通过数据分析，我们发现（如图3-1所示），个案在区域游戏（表演区）中三分之一的时间处于独自玩耍状态，有27%的时间能够关注到周围的同伴，与同伴有一定的共同注意（22%），较少时间回应（10%）同伴的互动，偶尔模仿（3%）同伴的行为、主动向同伴发起互动（3%）。

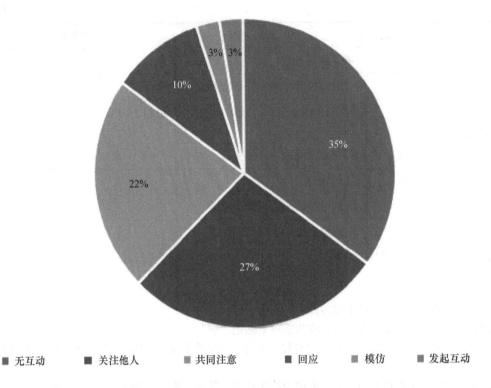

■ 无互动　　■ 关注他人　　■ 共同注意　　■ 回应　　■ 模仿　　■ 发起互动

图3-1　个案同伴互动情况

通过量化的数据分析,就可以很清楚地了解个案在社会性方面的发展状况,也可以由此得出教师在区域活动中可以通过怎样的策略提升儿童的同伴互动技能。

通过以上三方面的观察,我们就可以撰写观察报告了。在撰写观察报告时,要写明儿童可以做到的(优势),以及还有待发展的(弱势)(如表3-7所示)。

表3-7　班级观察记录汇总表

活动阶段	班级融合情况	
	优势	弱势
入园/离园	情绪良好,进入班级不哭闹; 在提示下能用简单的词向老师打招呼	需要家长协助整理衣物; 还不具备物品归属的能力,如整理自己的衣柜等
就餐环节	能够安静等待,情绪良好; 有就餐的意愿,在教师的言语提示下,能够握勺吃饭; 能够在老师的言语提示下进行餐后收拾,如把碗放在指定位置,擦嘴	不能独自取餐,需要老师的协助; 握勺方法不正确,吃饭速度较慢,尤其在吃面食或其他流食时,咀嚼和吞咽慢

续表

活动阶段	班级融合情况	
	优势	弱势
活动区活动	情绪良好； 能够关注同伴玩耍，偶尔有想要参与的意愿和动作； 对拼插玩具感兴趣，能够把两块拼在一起，有时拿来敲击玩耍	不知道选择哪个区域，或者固定在一个区域玩耍，大部分时间独自一人安静地坐在椅子上看其他小朋友玩； 对同伴发起的互动反应较慢，不会用肢体和语言主动发起互动； 主动的口语表达很少
教学活动	在教师的提示下，能够静坐或参与集体游戏； 喜欢音乐活动，在音乐活动中表现兴奋，出现扭动身体、上下挥动双臂等表示欢快的动作	有意注意维持时间较短，不会主动回答教师提出的问题或产生互动； 语言活动参与度较差，离开集体； 操作类活动表现较差，如绘画、剪纸，不会使用剪刀
户外活动	情绪良好，愿意跟随同伴玩耍	集体游戏中，需要教师的肢体协助； 难以理解简单的游戏规则； 不能独自玩游乐器材，平衡能力差，上下大型玩具比较缓慢
午睡	情绪良好，较易入睡； 能配合脱衣服	脱衣服还需教师肢体协助； 有尿床现象，中间需提示如厕
过渡环节	愿意跟随常规	对于两步以上的指令难以遵守； 常规较差，需教师多次提示
其他	无行为问题	

如果观察者担心不能精确记录幼儿的表现，可以将活动过程拍摄下来。

期间需要注意的问题：

1. 当幼儿注意到自己被观察或被拍摄时，行为表现会有所不同。

2. 所观察的幼儿不能脱离群体。在评估初期，观察前要与班级教师沟通，暂时去掉教师的辅助，以便观察幼儿最自然的状态和最真实的能力。

四、问题行为的评估

个别化教育计划不能忽略个体的问题行为。特殊需要儿童会长期或阶段性地出现问题行为，如集体活动中来回走动，不想遵从教师指令时躺在地上，午睡环节大声叫嚷等。这就需要我们对问题行为进行评估，一般分为以下几个步骤：

1. 确定问题行为，即要干预的目标行为。作为目标行为，要明确和单一。如果个案有多个行为问题，就要逐条撰写，逐条评估（如表3-8、表3-9所示）。

2. 行为评估，对行为进行功能性评估，确定行为出现的原因。

3. 根据行为评估结果，制订相应的干预计划。

表3-8 对厕所过度关注行为观察记录表

行为描述	出现时间	频率或强度	情境	持续时间	曾采取的措施
（1）小朋友如厕时，跟随、观看； （2）刷洗蹲坑边的污物； （3）曾拉扯正在大便的小朋友	他人如厕时	较为频繁，只要有小朋友如厕便跟着	班级教室，家中也曾出现（妈妈反馈）	每次如厕时间	教师及家长的言语教导及提醒
行为后果	（1）不能安心上课、午休、参加区域活动等，影响其一日常规； （2）情绪差，不喜欢上幼儿园； （3）其他小朋友慢慢开始介意个案的这种行为，不敢上厕所，或告知家长，并简单地认为个案有窥阴的癖好； （4）影响儿童的社会交往和个案的家长工作				

表3-9 行为记录表

行为的前事刺激	行为	后果
儿童上厕所	个案追着进厕所观看	个案高兴地拍手，教师来制止

需要注意的问题及备注：

1. 行为评估需要具有相关专业知识背景的人员完成，如已经学习和掌握了行为干预技术的教师，或外请专业人士。

2. 行为问题的出现有即时性和阶段性，行为的评估和干预计划可随着个别化教育计划的修订而增减，也可为了使用方便而作为独立的计划，不列入个别化教育计划之中。

五、评估结果的撰写

（一）评估结果撰写的原则

1. 充分考虑个体的优势和弱势。

无论是工具评估还是观察评估，都要遵循个体是一个完整的个体的原则，在撰写每一领域的评估结果时，要充分考虑个体的优势和弱势，建议把优势放在弱势前面，以便在目标的实施中以优势带动弱势的发展。

2. 以工具评估结果为基础，以观察评估为辅的全面性报告。

工具评估与观察评估相辅相成，在撰写过程中要兼顾两种评估的评估结果。工具评估更系统和全面，但缺少对儿童个性化的评量；观察评估更有针对性，但难以做到面面俱到。将两者有机结合，更能体现特殊需要儿童的真实水平。

（二）撰写示例

个案姓名：小凡　　班级：中班

通过评估，小凡在各方面的发展均明显落后于本年龄段儿童，相较之下，个体在粗大动作、认知能力、感官知觉方面的发展优于精细动作、语言沟通、生活自理和社会技能的

发展。在融合班级中,有最基本的适应环境的能力,但多数情况下需要教师的协助、提示才能与环境、人互动。各领域发展状况如下:

领域	现状分析		建议策略
	优势	弱势	
粗大动作发展	姿势控制较好,在班级活动中能够做到头部控制,能够静坐、站立、蹲;能够在平地上安全地行走,能够在班级中自由到达自己想去的地方	上下楼梯、快步走、跑、跳跃、平衡运动等还需要成人大量的协助;涉及运动技能的项目,如球类游戏、玩大型玩具等也均未发展出适应其发展需求的能力	加强个案模仿能力,提高其对简单游戏的理解能力。注意运动中的安全
精细动作	手眼协调较好,愿意参加操作类活动;能够模仿简单的手指动作,如合拢张开;能够做抓取的动作,会用勺子进餐	手部力量较差;涉及技能方面的手部运动较差,如串珠、使用工具等	增加手部力量的练习,多进行手部操作的游戏活动
感官知觉	视觉记忆力、分辨力及听觉分辨力较好,能够感知周围环境,并做出适当反应;愿意尝试各种食物	触觉分辨能力较差;嗅觉和味觉的分辨能力较差	获取更多的生活经验
认知	对周围世界有一定的认识能力,具有一定的数前概念。如,认识形状、大小、快慢,认识10以内的数字。有一定的注意力和注意力感知范围	记忆力较差;依序完成活动的能力较差,如在过渡环节	需要反复练习及在不同情境下的泛化
生活自理	饮食方面的能力发展最好,能够自己进餐	穿着、如厕、身体清洁的能力发展略低,还需要他人的支持和服务	在集体和家庭生活中提高能力
语言沟通	理解性语言较强,有一定的语言使用能力,如,在需要帮助时,能够主动说"帮帮";表示知道了、明白了,会说"嗯"。能够用手势表示自己的一些需求,如想吃东西,上厕所大小便。有与他人沟通的意愿,如主动挥手打招呼,用手势表达一些事情	表达性语言还处于萌发的阶段,能够发简单的元音,或模仿发相似的音	提升表达意愿的基本能力
社会技能	认识家人,对社区有基本的认识能力	在社会技能方面还需要大量协助才能适应环境的需要。认识社区的能力、安全意识有待提高	多参与社会性活动

★ 想一想，做一做

1. 请在一天生活活动中，选取某个环节进行十分钟的观察，梳理出个案在粗大动作、精细动作、感官知觉、语言沟通、生活自理、社会技能方面的发展状况。

2. 对个案的问题行为进行观察，借助专业力量进行评估。

第四部分 目标制定

长短期目标是个别化教育计划的主要部分,如何依据对个案的评估制定适宜的目标是本章讨论的重点。本章将通过大量的实例,阐述目标制定的基本原则、撰写的基本格式。

一、基本原则

(一)科学性

特殊需要儿童首先是儿童,个体发育虽晚于同龄儿童,但其身心发展规律与普通儿童无异。在目标的选择过程中要严格遵守《幼儿园教育指导纲要》及《指南》基本精神,遵循文件中关于儿童在五大领域发展的基本要求,遵循游戏是儿童学习和发展的主要途径。忌拔苗助长,忌小学化倾向。

(二)发展适宜性

目标的选择不能仅仅关注特殊需要儿童的短处,而应是扬长补短。表现在:(1)各领域间发展的均衡性,从全人发展的角度出发,在发展较差的领域设定目标,发展较好的领域也要设定相应的目标,不能顾此失彼;(2)目标应定在个案的最近发展区内,拔苗助长不可取。

(三)可观察和测量

目标的制定是为了更好地指导教学,更好地为儿童做好支持。可以观察和测量的目标才会对教学有指导价值;空泛的目标不仅让实施者无从下手,也不能判断儿童发展的状况和目标的达成情况。

在制定目标时,还要考虑当前发展需求。如涉及个体安全问题就要首先考虑。安全是幼儿发展的首要条件,目标选择同样如此。如果个体在上下楼梯时存在安全隐患,那上下楼梯的能力一定要列入发展目标中。

二、基本格式

（一）长期目标的撰写

长期目标也称为年度目标，指的是一学年内期待个体所要实现的发展水平。一般来说，每个发展领域可以设置2—3个长期目标。长期目标的实施是通过其下设的短期目标实现的。长期目标的撰写一般包括目标时间、目标主体、目标行为、辅助方式和通过标准。

目标时间指的是长期目标实施的时间段，长期目标实施的时间段是从目标制定之日起一年的时间，如2015年4月至2016年3月，可以不在制定的每一个长期目标中出现，但是要把目标时间标注在个别化教育计划文件之中。

目标主体是个体。在目标陈述中可以用"个体""个案"代指，也可以写名字，但要用全名，不得用乳名。

目标行为是指个体所预期要实现的能力变化。

长期目标举例："提高个体主动打招呼的能力。""提高个体依序完成任务的能力。"

（二）短期目标的撰写

短期目标是长期目标的细化，是长期目标实施的具体措施。一个长期目标可以设置2—4个短期目标，实施的时间为一个学期左右。与长期目标相比，短期目标的撰写在目标要素上要更加严格和明确，要写明辅助方式、目标行为、行为标准和通过标准。

以短期目标——"在言语提示下，能够完成简单的体操动作（踢腿、伸胳膊、弯腰），五种以上"为例：辅助方式是言语提示，目标行为是完成体操动作，行为标准是简单的体操动作，踢腿、伸胳膊、弯腰是行为标准的举例，通过标准是五种以上。

1. 辅助方式。

根据支持的程度不同，辅助方式可以分为肢体协助、模仿和示范、口语提示、图示等几种类型。辅助的最终目的是让儿童能够脱离辅助，但辅助也会让儿童产生依赖。在选择辅助方式时，应尽可能选择物的辅助，如图示，以及同伴示范，如模仿同伴；尽量少用教师的肢体协助和语言提示。如果目标的实现需要教师大量的肢体协助才能实现，那我们就应该回到评估的起点，思考一下该目标是否在个体的最近发展区内。

2. 目标行为。

目标行为的撰写要具体、可观察，一般以目标主体为主语撰写，写出个体在几个月内所要达到的能力变化。

3. 行为标准。

行为标准是对行为的进一步阐述和说明，如短期目标"能够玩抛接球的游戏"中，球的大小不同所反映的能力也不同，对象是成人或同伴也会不同。行为标准可能是对材料的说明，如"直径30cm的球"；也可能是对行为本身的说明，如"两步指令"。

4.通过标准。

通过标准反映的是目标的达成情况，如"80%的准确率""五次通过四次"。

短期目标撰写示例1：

长期目标：提高个体的口语表达能力。

短期目标1：能够在视觉提示下，入园时向老师、同伴用口语问好（"早上好""你好"），准确率达80%。

短期目标2：能够在视觉提示下，用口语"我要"表达自己的生理需求，准确率达80%。

短期目标3：能够在言语提示下，在班级活动中进行包含三个短句的自我介绍，准确率达80%。

短期目标撰写示例2：

长期目标：提高个体拍球的能力。

短期目标1：能够在教师言语提示下，把篮球向下拍一下，准确率达90%。

短期目标2：能够独自将篮球向下拍一下并能接住，准确率达80%。

短期目标从不同的几个方面达到长期目标，如示例1，也可以对长期目标进行难度分解，如示例2。

三、分领域目标制定举例

（一）粗大动作发展

粗大动作是个体发展和参与集体生活的基础。在融合环境中，个体需具备基本的走、跑、跳、上下楼梯的能力，这些可以帮助个体更好地参与游戏及集体活动。

示例1：

长期目标：提高个体安全上下楼梯的能力。

短期目标1：能够独自从一个台阶上安全地迈下，准确率达100%。

短期目标2：能够独自从两个台阶上迈下，准确率达100%。

短期目标3：能够在他人的言语提示下，手扶楼梯扶手安全地上下台阶，准确率达100%。

示例2：

长期目标：提高个体肢体的模仿能力。

短期目标1：能够模仿教师做简单的体操动作，五种以上（拍手、伸胳膊等），准确率达80%。

短期目标2：能够独自模仿教师的手部动作，五种以上（合拢、张开、交叉等），准确率达80%。

示例3：

长期目标：提高个体玩球类游戏的能力。

短期目标1：能够独自双手向前有目的地抛球，2米以上，准确率达90%。

短期目标2：能够独自用双手接住2米处轻抛的篮球，准确率达80%。

（二）精细动作发展

精细动作的发展主要是手的把控能力，主要体现在个体使用工具上，包括笔、剪刀、餐具等。可以将这些工具的使用列入长短期目标中。

示例1：

长期目标：提高个体使用工具的能力。

短期目标1：能够在视觉示范下，握笔画出简单的形状（直线、圆圈），准确率达90%。

短期目标2：能够在轮廓内涂色，涂色较为均匀，准确率达90%。

示例2：

长期目标：提高个体黏土造型的能力。

短期目标1：能够模仿教师进行橡皮泥的捏制游戏（用手指点、用手掌压、用手攥），三种以上。

短期目标2：能够模仿教师完成两种橡皮泥捏制技巧（搓条、搓球），准确率达90%。

示例3：

长期目标：提高个体折纸能力。

短期目标1：能够独自对折纸张（对角、对边），较为平整。

短期目标2：能够模仿折出简单的造形，包含五个步骤，准确率达90%。

（三）感官知觉

感官知觉的目标一般会与生活目标相结合，如在生活中用触觉探索、用味觉分辨等。

示例1：

长期目标：提高个体触觉感知物品的能力。

短期目标1：能够在言语提示下从触觉袋中摸出指定外观的触觉板，两个以上。

短期目标2：能够在言语提示下从触觉袋中摸出指定的常见物品，三种选一个。

示例2：

长期目标：提高个体味觉分辨和记忆的能力。

短期目标1：通过品尝分辨出三种不同的食物味道，准确率达80%。

短期目标2：看到食物能够表达出三种食物的味道，准确率达80%。

短期目标3：凭记忆能够表达出三种食物的味道，准确率达80%。

（四）生活自理

生活自理目标的制定是为了帮助儿童更好地自立，更快地融入班级生活。从最基本的就餐、穿脱衣服开始。针对能力较强的儿童，可以增加社会性方面的目标，如为他人服务。

示例1：

长期目标：提高个体适当穿着的能力。

短期目标1：能够在提示下，根据天气或场合需要进行衣服、配饰的搭配（如夏天与冬天），准确率达90%。

短期目标2：能够选出自己喜欢的穿着，准确率达90%。

示例2：

长期目标：提高个体饭前准备和饭后收拾的能力。

短期目标1：能够独自完成分发简单餐具的工作，准确率达80%。

短期目标2：能够在饭后进行简单的收拾（把餐具放在指定位置，擦拭桌子），准确度达80%。

示例3：

长期目标：提高个体保持身体清洁的能力。

短期目标1：能够在图片提示或儿歌的提示下，完成基本刷牙动作，准确率达80%。

短期目标2：能够在饭后或有需要时，独自完成擦嘴或洗嘴的动作，准确率达90%。

（五）语言沟通

语言沟通目标制定时往往出现重语言表达、轻言语理解的问题；儿童只有听懂他人的话语，才能根据需要进行表达。语言领域目标的制定中一定要重视语言的沟通和使用，如与社会性相结合。语言缺少了使用，目标的制定将毫无意义。

示例1：

长期目标：提高个体听从指令的能力。

短期目标1：能够听从他人发出的指令，完成动作，准确率达80%。

短期目标2：能够听从两步指令完成动作，如先翻开书，再拿出笔，准确率达80%。

示例2:

长期目标:提高个体使用图片与他人进行沟通的能力。

短期目标1:能够独自用相应的单张图片表达自己的需求(上厕所、看书),准确率达80%。

短期目标2:能够在教师的提示下,用图片表示包含主谓宾的句子(如"我喜欢苹果"),准确率达80%。

(六)认知

多数特殊需要儿童认知的发展会非常缓慢,尽量选择功能性强的目标,如理解因果关系等;少选择认知性强的目标,如数的点数、数与量的对应关系。

示例1:

长期目标:提高个体配对分类的能力。

短期目标1:能够将两类物品进行分类(如把蔬菜和交通工具分开),准确率达80%。

短期目标2:能够对包含两个维度的物品进行分类(如颜色和形状两个维度),准确率达80%。

示例2:

长期目标:提高个体依序完成活动的能力。

短期目标1:能够在他人的提示下,完成包含三步以上步骤的活动,准确率达90%。

短期目标2:能够依序完成三个步骤以上的活动,准确率达90%。

示例3:

长期目标:提高个体对因果关系的理解能力。

短期目标1:知道简单事物的联系(三种以上),如水和鱼、医生与病人,准确率达90%。

短期目标2:能够说出行为的后果(三种以上),如下雨了地会湿,吃坏东西要肚子疼,准确率达90%。

(七)社会技能

社会技能的缺失也是特殊需要儿童的共性问题,参与团队活动、使用社区设施等都是较好的活动目标,既可以在融合班级中实施,又可以在家庭中实施。

示例1:

长期目标:提高个体的安全意识。

短期目标1:知道主要交通标志的意义,如红绿灯、人行横道,准确率达100%。

短期目标2:能够在他人的提示下,安全搭乘交通工具,如知道乘车时不要探头或伸手、不在公交车上乱跑，准确率达100%。

短期目标3：能够区分熟人和陌生人，不接受陌生人的物品，不跟陌生人走，准确率达100%。

示例2：

长期目标：提高个体参与集体活动的能力。

短期目标1：对他人的互动做出恰当的反应，如打招呼、问候、亲近等，准确率达80%。

短期目标2：能够与他人分享物品，如玩具，准确率达80%。

示例3：

长期目标：提高个体的社区技能。

短期目标1：知道社区常见的公共设施，如厕所、医院、车站、花园，准确率达80%。

短期目标2：能够在他人的陪同下使用社区的设施（两种以上），准确率达80%。

四、目标制定中的误区举例

示例1：

大班，孤独症儿童，主动性语言差。

长期目标：学会拼读汉语拼音。

短期目标：会用50个常用的动词造句，准确率达90%。

以上两个目标都是小学化的目标，目标选择不符合幼儿的年龄特点和发展需求，不适合指导幼儿在园发展。如果目标的设定是为了提高个案的语言表达能力，我们可以修改为"提高个体用言语主动表达需求的能力"。

示例2：

中班，脑瘫儿童，在跳的方面的评估结果是0分。

长期目标：学会双脚连续跳的基本动作。

对于平衡较差、双脚协调运动较差的脑瘫儿童来说，这是一个短期内很难实现的目标。个体还不具备发展此项动作的应有经验和能力储备，如若强制执行，不仅占用了个体大量的时间，效果也会甚微。跳的方面就可以不用设置发展目标。

示例3：

大班，发育迟缓儿童。

长期目标：提高个体的学习品质。

《指南》提出要重视幼儿的学习品质，学习品质指的是"积极态度和良好的行为倾向"，指的是个体学习的态度、倾向、习惯和风格。但是这个目标过于笼统，无法测量和评估。放在特殊需要儿童身上，我们可以细化为注意力的目标，如可修改为"提高个体在操作类游戏中的有意注意时间"。

示例4：

大班，发育迟缓儿童。

短期目标：提高个体5以内点数的能力，准确率达80%。

数的概念是随着年龄的增长而发展起来的，数感很难通过训练获得。对于发育迟缓儿童来说，数的概念的形成很难，到了大班依然不会——点数，说不出点数的总数，没有数与量对应的概念。对于这个个体来说，情感态度、能力目标远远优先于知识、技能的目标。如社会技能目标——"提高个体担当值日生的能力"更适合该幼儿的发展需求。

★ 想一想，做一做

请为以下三个长期目标撰写2—3个短期目标。

长期目标：提高个体分辨常见关系的能力。

　　　　　提高个体穿脱衣服的能力。

　　　　　提高个体理解因果关系的能力。

第五部分 个别化教育计划的形成

一、召开制订会议

计划的制订离不开幼儿园多个岗位教师及家长的参与,在个别化教育计划制订过程中,教师与家长之间,特教教师与班级教师之间,教师与保健医生之间,会根据需要进行多次正式或非正式的会面:为了了解家庭状况或特殊需要儿童在家表现,特教教师要进行家访或邀请家长来园面谈;特教教师与普通教师会针对特殊需要儿童某方面的发展现状进行细致沟通;班级教师会因为成长发育或饮食问题向保健医生咨询……这些都是双方会谈。

在评估结束、草拟计划完成后,幼儿园就要邀请所有相关人员参加该名特殊需要儿童的个别化教育计划制订会议。

(一)与会人员

1. 儿童的父母以及日常照料者。
2. 班主任教师及助教教师。
3. 特教教师或提供特教服务的教师。幼儿园的特教教师,即为儿童日常生活、活动提供个别辅导的教师。
4. 专业治疗师,如职业治疗师、语言治疗师、作业治疗师等。即使无法邀请到,也务必请其提供特教干预的指导意见。
5. 园长或保教主任,在全园人员的调配及理念管理上有丰富的普教经验。
6. 园所其他人员。如保健医生在保健方面的建议,如儿童是否有禁食、过敏等状况,是否有高热惊厥等需要特殊护理的问题。专职教师,如为儿童授课的体育教师、音乐教师、英语教师、美术教师等。

与儿童相关的人员都能够参加个案的个别化教育计划的制订是最理想的状态,但这也会导致因人员的时间安排而使会议延期,因此可以根据实际情况对与会人员进行适当调整。以上与会人员,父母、班级教师、特教教师、幼儿园园长或其他行政人员是必须参加的人员,其他人员可以灵活安排。如果可以,在会后请相关人员审阅个别化教育计划文件，给出修改建议。

（二）会议程序

1. 个案负责人公布个案的评估状况。

特教教师作为个案负责人讲解儿童评估的基本过程和方法，并公布评估的基本结果。

2. 个案负责人公布初步拟定的目标框架和内容。

个案负责人向与会人员公布基于评估结果的各领域目标，就幼儿发展情况和目标选择进行详细阐述。

3. 与会人员对个案目标的适宜性进行讨论。

与会人员自由发言，就目标难易程度、发展适宜性等方面进行讨论。

4. 个案负责人就计划实施提出建议。

个案负责人就个别化教育计划如何在融合班级活动、个别补救教学活动及家庭生活中实施提出建议，与会人员展开讨论。

5. 与会人员签字确认，个案个别化教育计划文件正式成文。

（三）注意事项

1. 会议时间确定后请提前向家长及相关人员发起邀请，邀请函如图5-1所示。

个别化教育计划（IEP）制订会议邀请函

***小朋友家长：

　　您好！

　　为了更好地为***小朋友提供适当的发展支持，做好家园合作，我们将为其制订一份个别化教育计划，邀请您参加计划制订会议。会议的主要目的是讨论个别化教育计划的适宜性，请您就儿童发展历程及近期发展期待做准备。

　　会议时间：2015年12月10日下午3：00

　　会议地点：主楼会议室

　　期待父母双方均能参加，如有其他经常照顾者也可参加此次会议。

北京大学附属幼儿园
2015年12月1日

图5-1　邀请函示例

2. 如果需要对会议全程录像，应事先征得家长同意。

二、文本示例

下面将以一名发育迟缓儿童为例，说明完整的个别化教育计划文件的构成（如文本一至文本十所示）。本书第六部分如何实施计划，也是基于该儿童的个别化教育计划进行的。

文本一：个案综述

小容（化名），女孩，2010年5月出生，发育迟缓幼儿。现为北京大学附属幼儿园大三班的幼儿。

小容的父母均受过高等教育，所从事的职业分别为会计师和工程师。小容和爸爸妈妈一起生活，无其他兄弟姐妹，家庭关系和睦，小容更喜欢和爸爸在一起，父母的教养态度属于理智型。

小容的妈妈在怀孕期间无异常情况，顺产，出生时小容体重为2.8kg。出生后有缺氧史，肺部感染。发育早期，会匍匐爬，不会四脚爬，翻身、坐等比普通儿童稍晚，独立行走晚，明显落后于其他同龄儿童。小容7个月会独立坐，9个月会爬，1岁能够独立站，1岁9个月能独立行走。1岁时会说第一个字，1岁半时把2—3个字连在一起，3岁时开始训练上厕所。听觉检查结果正常，2岁时做过双眼斜视矫正手术，入园体检提示有散光。做过脑部核磁共振，结论是胼胝体萎缩，脑白质软化。

父母非常重视孩子的早期干预，1岁5个月至3岁在儿童医院神经内科进行诊断及康复训练指导；2岁7个月在北京博爱医院进行康复训练。小容在1—3岁上水疗课，2.5—3.5岁接受每周三次的亲子班课程，3岁开始每周一次感统训练活动。

小容情绪稳定，性格外向，偏爱音乐，记忆力好。喜欢模仿学习新鲜事物，在一对一的学习过程中非常配合。

文本二：工具评估之总体侧面图

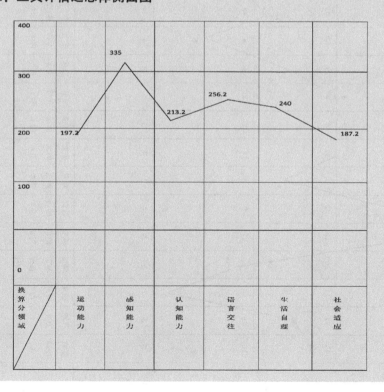

测评表明细

	姿势控制 5	移动力 8	运动与技巧 7	精细与使用 10	视觉的运用 6	听觉的运用 4	触觉的运用 3	味觉的运用 4	嗅觉的运用 3	物体恒存性 1	注意力 3	配对与排序 4	数字概念 14	时间与金钱概念 7	认知物品因果关系 7	听的能力 12	说的能力 8	内在语言 2	读写能力 2	饮食与礼仪 6	如厕 4	穿着 4	盥洗 2	身体清洁 4	人际关系 7	社区能力 6	安全 8
4	20	32	28	40	24	16	12	16	12	4	12	16	56	28	28	48	32	8	8	24	16	16	8	16	28	24	32
3	15	22	21	30	18	12	9	12	9	3	9	12	42	21	21	36	24	6	6	18	12	12	6	12	21	18	24
2	10	16	14	20	12	8	6	8	6	2	6	8	28	14	14	24	16	4	4	12	8	8	4	8	14	12	16
1	5	8	7	10	6	4	3	4	3	1	3	4	14	7	7	12	8	2	2	6	4	4	2	4	7	6	8
0																											
	运动能力				感知能力					认知能力						语言交往				生活自理					社会适应		

文本三：观察评估

活动阶段	班级融合情况	
	优势	弱势
入园/离园	情绪良好，进入班级不哭闹； 在提示下能用完整句子向教师问好，在家长言语提示下能够与教师叙述来园路上发生的有趣的事情	需要家长协助整理衣物； 过渡环节需要教师给予提示，如如厕、挂毛巾、吃饭
就餐环节	能够安静地等待，情绪良好； 有就餐的意愿。在教师的言语提示下，能够使用筷子吃饭； 能够在教师的言语提示下，独自取餐，进行餐后收拾，如把碗放在指定位置，擦嘴	进餐时容易掉饭粒，注意力不集中（东张西望），需要教师给予提示
活动区活动	情绪良好； 能够关注同伴玩耍，有想要参与活动的意愿； 对表演区感兴趣，能够在表演区与同伴进行合作性的游戏，如敲打乐器，与同伴跳舞	主动语言表达得很少； 在表演时，由于进行乐器演奏，需要穿舞蹈服，不能够独立穿衣服，需要教师给予协助； 选择活动区比较单一，需要扩展其他兴趣
教学活动	在老师的提示下，能够静坐或参与集体游戏； 喜欢音乐活动，音乐活动中表现兴奋，能够主动举手回答问题，在教师的言语提示下进行回答	注意力容易受外界环境干扰，如喜欢观察班级其他教师在做什么，或者看班级中的某一个区域； 参加操作类活动时需要教师的肢体协助，如科学动手做、绘画，手眼协调能力差，在剪纸时不能沿线剪纸
户外活动	情绪良好，能够基本理解集体游戏的活动规则； 愿意跟随同伴玩耍	集体游戏中，由于动作发展缓慢，需要教师的肢体协助； 在玩游乐器材时，平衡能力差，上下大型玩具比较缓慢，需要教师的肢体协助
午睡	情绪良好，较易入睡； 能配合脱衣服	脱衣服时还需要教师肢体协助； 午睡期间需要教师提示如厕
过渡环节	愿意跟随常规	由于动作缓慢，需要教师给予言语提示，必要时需要肢体协助，如如厕后提裤子
其他	无行为问题	

文本四：评估报告

领域	现状分析		建议策略
	优势	弱势	
粗大动作	个案姿势控制和基本移动能力方面发展较好，能够静坐、站立和蹲，能够用走、跑等方式与环境互动，满足自己的发展需求。能够双脚协调交替上下楼梯	动作比较缓慢，身体的灵活性较差；技巧性方面，如平衡木、双脚跳、单脚站、传球、拍球、夹包还需要进一步加强	继续加强个案的身体灵活性练习。增加活动的趣味性
精细动作	手眼协调能力较强，愿意动手操作，能够玩简单的拼插类、操作类的玩具	工具的使用能力较差，如剪刀的使用	多进行工具使用的练习
感官知觉	能够用视觉、听觉、触觉、嗅觉、味觉感知周围的环境并与环境发生互动，基本满足个案发展的需要	触觉分辨能力、嗅觉和味觉的记忆能力还需要进一步提升，对环境的改变感知较差	在情境中进行教育，建立多感官的学习通道。触觉感知物体，并能将感知到的物体记忆下来，能够将所学的经验应用到日常生活中
认知	个案在配对和分类方面有很大进步，能够按照一个维度对物品分类。在依序完成活动中，个案可以在他人的言语提示下完成2—3个步骤	个案在包含两个条件的物品分类上还有待提高，依序完成多个步骤的活动还需要教师的言语提示。解决问题的能力还有待提高	将所学内容在班级活动中泛化。提高个体对数的理解能力
生活自理	能够自己穿脱衣服，冬天穿多层衣服时需要教师的肢体协助。能够自行如厕。在园期间能够跟随同伴完成洗手的动作，洗脸、刷牙等保持身体清洁的动作还需要协助。能够用勺子吃饭	在蹲坑位解决大小便时，蹲下动作缓慢，需提示安全；还未发展出用筷子吃饭的技能。餐前准备和餐后收拾、就餐礼仪等方面发展较弱	在集体和家庭生活中提升能力
语言沟通	个案在表达自己的需求时、与他人交谈时能应用大量的词汇	与同伴沟通交流时欠缺主动性	提高个体的语言理解能力，以及主动表达的能力
社会技能	愿意接近同伴，但与小朋友交往时主动意识较弱	在社会技能方面还需要大量协助才能适应环境的需要。认识社区的能力、安全意识有待提高	要为个案创设使用社区各种设施和参与社区生活的机会，逐步帮助个案一步一步从家庭的生活圈进入社会生活圈，培养个案的社会适应能力

文本五：小容个别化教育计划（IEP）目标

领域		长期目标		短期目标
1. 粗大动作	1.1	提高小容的平衡能力；	1.1.1	能单脚站立5—10秒，准确率达90%；
			1.1.2	能在少许肢体协助下走平衡木，准确率达80%；
			1.1.3	在言语提示下安全平稳地走过梅花桩，准确率达80%；
	1.2	提高小容做体操的能力；	1.2.1	在言语提示下完成"两队变一队，一队变两队"的队列变化，5种以上；
			1.2.2	模仿教师做简单的体操动作（弯腰、伸臂等），准确率达80%；
			1.2.3	能够站在指定位置模仿教师完成一节连贯性的体操动作，准确率达90%
	1.3	提高小容双脚跳的能力	1.3.1	能够在言语提示下完成蹲起跳的连续动作，准确率达80%；
			1.3.2	能够自己模仿同伴向前跳3—4下，准确率达80%；
			1.3.3	能够在言语提示下，双手将绳抡过去并双脚跳过跳绳，准确率达80%
2. 精细动作	2.1	提高小容折纸的能力；	2.1.1	能够模仿教师将纸对折或过角对折，准确率达90%；
			2.1.2	能够模仿教师简单的折纸造型（包含两到三个步骤），3种以上；
	2.2	提高小容使用剪刀的能力；	2.2.1	能够沿直线剪出粗细不等的纸条，准确率达80%；
			2.2.2	能够在言语提示下沿曲线简单剪纸，准确率达80%；
			2.2.3	能够在言语提示下沿简单图形（圆形、三角形、正方形等）剪纸，准确率达80%；
	2.3	提高小容握笔画画的能力	2.3.1	能够在轮廓内涂色，且涂色均匀，准确率达90%；
			2.3.2	能够在言语提示下描画较复杂图形、数字、简单字（圆形、三角形、长方形等），准确率达80%
			2.3.3	能够仿画基本图形(正方形、三角形、圆形、长方形等)，准确率达80%
3. 感官知觉	3.1	提高小容触觉感知物品的能力；	3.1.1	能够从两种特征指定物品中摸出指定常见物品（如铅笔、橡皮、尺子等），准确率达80%；
			3.1.2	能够根据他人对物品特征的描述，从触觉袋中摸出生活中常见物品，准确率达80%；
	3.2	提高小容嗅觉分辨的能力；	3.2.1	从两种不同的物体中通过嗅觉指出相应物品，准确率达80%；
	3.3	提高小容视觉记忆的能力	3.3.1	能够说出曾经见过的三种以上图形（正方形、圆形、三角形），准确率达80%；
			3.3.2	能够说出曾经见过的三种以上物品（纸、铅笔、垫板），准确率达80%
4. 认知	4.1	提高小容依序完成活动的能力；	4.1.1	能够按两种特征排列（形状、颜色），准确率达80%；
			4.1.2	能够依序完成三个步骤以上的活动（如餐后整理一刷牙一散步），准确率达80%；
			4.1.3	能够在言语提示下，完成一日生活常规活动，准确率达80%
	4.2	提高小容对因果关系的理解能力	4.2.1	知道简单事物的联系（三种以上），如水和鱼、医生与病人，准确率达80%；
			4.2.2	能够说出行为的后果（三种以上），如下雨了地会湿、吃坏东西要肚子疼，准确率达80%；
			4.2.3	在言语提示下能够对自己经历过的事件说出前因后果，准确率达80%

续表

领域		长期目标		短期目标
5. 语言沟通	5.1	提高小容看图讲故事的能力;	5.1.1	能够看图指认,说出图画中的主要对象,如动物、树木花草等,准确率达90%;
			5.1.2	在他人的提示下能看图说出包含两到三个简单情节的故事,准确率达80%;
			5.1.3	能够大胆地在班集体中叙述出两到三个简单的情景故事,准确率达80%;
	5.2	提高小容语言表达能力;	5.2.1	在有需要时能向他人大胆表达自己的意愿,"我要……"、"我想……",准确率达80%;
			5.2.2	能够说出主要家庭成员的姓名、电话号码,准确率达90%;
			5.2.3	能够模仿同伴分享自己的感受,"我觉得……"、"我认为……",准确率达80%;
	5.3	提高小容与同伴的沟通能力	5.3.1	能够他人主动说出发起交流的语言,如"你好,我想跟你一起玩玩具",五次通过四次;
			5.3.2	在与同伴交流时,能主动说出发起交流的语言,五次通过三次
6. 生活自理	6.1	提高小容穿脱衣服的能力;	6.1.1	能在他人少许肢体协助下穿脱套头衫和带有拉链、粘扣的衣服,准确率达80%;
			6.1.2	能够模仿他人将脱下的衣服按照顺序整理好,准确率达80%;
	6.2	提高小容的餐饮礼仪;	6.2.1	能模仿同伴进行排队取饭和饭后收拾,准确率达80%;
			6.2.2	能做到细嚼慢咽,桌面保持干净,不掉饭粒,准确率达80%;
			6.2.3	餐后自行将碗送到指定位置,准确率达80%;
	6.3	提高小容保持身体清洁的能力	6.3.1	能够饭后或有需要时,独自完成擦嘴或洗漱的动作,准确率达90%;
			6.3.2	能够独自完成刷牙的基本动作(取牙杯一拧开牙膏一挤上牙膏一接水一刷牙一冲洗牙杯、牙刷),准确率达80%;
			6.3.3	能够看图片或儿歌的提示下,完成标准的刷牙动作,准确率达80%
7. 社会适应	7.1	提高小容参与团体活动的能力;	7.1.1	能在教师语言提示下参与集体活动,在集体活动中能自己并遵守活动规则,准确率达80%;
			7.1.2	能承担班级值日生工作,模仿同伴做好值日生工作,准确率达80%;
	7.2	提高小容使用社区设施的能力;	7.2.1	能使用社区的主要设施,如在家长的陪同下能去报亭买报纸,去超市买冰棒,到健身器材区域和父母一起运动等,准确率达80%;
			7.2.2	愿意去邻居家做客,并能与邻居家孩子一起玩耍,参与时间达80%;
	7.3	提高小容的安全意识	7.3.1	能够区分熟人和陌生人,能够做到不和陌生人走,不接受陌生人给的东西,准确率达100%;
			7.3.2	能够知道日常生活中危险的地方不能去,准确率达90%

文本六：问题行为记录

该名个案在幼儿园活动中无明显行为问题。

时间	前事刺激	行为	后果
无			
无			
无			

文本七：特教服务

因个案戴脚步矫正器，需定期到外机构进行物理治疗。

泛化建议	时间	执行人
1. 因矫正器与普通鞋子相比更难穿脱，应加强个案穿脱鞋子的基本能力； 2. 提高个案上下楼梯的灵活性和安全意识	同计划执行时间	同计划执行人员

（此表格在治疗师建议下填写）

文本八：各领域在不同情境下的实施活动建议

领域	班级中	家庭中	个别补救活动
感官知觉	● 活动中引导其用感官（摸一摸、听一听、闻一闻等）感知物品； ● 进行绘画、剪纸、折纸类手工操作，提高注意力	● 通过生活经验的加入让个案感受不同味道	● 笔触练习； ● 触觉的练习； ● 手眼协调的练习
动作	● 提高模仿能力； ● 利用户外活动增强幼儿间的互动； ● 进行技能技巧和规则的教授（球类、团体游戏规则），参与团体游戏	● 在社区中寻找玩伴； ● 适当增加活动的难度； ● 多种活动方式的结合（爬山、游泳、骑车等）	● 感统游戏训练：平衡触觉板、大龙球、万象组合； ● 注重模仿能力的提高和理解游戏规则
	● 在区域活动中适当增加精细类的活动； ● 鼓励使用各种文具； ● 积极参与班级各种手工类活动	● 开关容器； ● 自己穿脱衣服； ● 玩面团； ● 玩水、玩沙	● 手指操； ● 串珠、套环等练习； ● 手工活动
生活自理	● 自己的事情自己做（穿脱衣服、刷牙、洗手、如厕、擤鼻涕）； ● 生活环节还需言语提示	● 帮助妈妈清洗水果、折手帕； ● 饭前和饭后的收拾； ● 使用清洁工具打扫卫生； ● 自己的事情自己做	● 自己的事情自己做； ● 饮食常识的认识
语言	● 鼓励和引导同伴间的互动； ● 给予表现自己的机会； ● 指导写前活动	● 每天讲故事和沟通； ● 鼓励和引导用礼貌用语	● 鼓励小团体中的自我表现； ● 语言组织能力
认知	● 调整课程难度； ● 提高其对物品的归类能力	● 配合园里做好练习	● 配对和分类的练习； ● 数前概念； ● 排序
社会技能	● 培养兴趣点； ● 自我表现的机会； ● 人际沟通的技巧	● 认识社区； ● 安全教育	● 团体中个体表现

文本九：各领域目标在融合班级实施建议

活动	普通儿童要求	IEP目标	重点融合指导
入园	1. 衣着整洁，愉快入园，有礼貌地和教师、小朋友打招呼，与家长告别； 2. 乐意接受老师的感觉晨检，会将自己身体不舒服的感觉告诉教师； 3. 将自己的衣物整齐地放在固定的衣橱里； 4. 积极参与区域活动，遵守活动规则，活动后将玩具放回原处，摆放整齐	1.1 提高小容的平衡能力； 4.1 提高小容依次序完成活动的能力； 5.2 提高小容语言表达能力； 5.3 提高小容与同伴的沟通能力； 6.1 提高小容穿脱衣服的能力； 6.3 提高小容保持身体清洁的能力	能够在入园的路程中做平衡类游戏，如走马路牙子； 能对老师、同伴表现出友爱的行为，主动与教师、小朋友打招呼，并与家人告别； 能运用恰当的语言回应同伴； 依序完成活动的能力； 能够在他人的少许提示下，完成包含3步以上步骤的活动（举例：搬椅子—上厕所—洗手）； 安全地上下楼梯
就餐	1. 餐前认真洗手，正确使用肥皂，冲洗干净后对准水池甩三下，最后一个幼儿去关好水龙头； 2. 正确使用餐巾、餐具，养成文明进餐的良好习惯；进餐时不大声讲话，不随便说笑打闹，咽下最后一口饭再站起来，主动整理好自己的餐具，收拾食物残渣，轻放椅子，离开饭桌； 3. 餐后用餐巾擦嘴，然后去盥洗室洗手、漱口； 4. 积极参加餐后游戏	3.2 提高小容嗅觉分辨的能力； 4.1 提高小容依次序完成活动的能力； 6.2 提高小容的餐饮礼仪； 6.3 提高小容保持身体清洁的能力； 7.1 提高小容参与团体活动的能力	能够用嗅觉感知食物； 能够在他人的少许提示下，完成包含3步以上步骤的活动（举例：上厕所—洗手—吃饭）； 能与同伴合作，共同完成值日生的部分工作（发餐布、发筷子）； 积极参加餐后游戏
早操	1. 整理好自己的服装，冬天不怕寒冷，积极参加锻炼； 2. 值日生协助老师准备好器械； 3. 听音乐节奏做操，精神饱满，情绪愉快，注意力集中，动作协调，兴趣浓厚，活泼愉快，努力达到锻炼目的； 4. 在指定的范围活动，活动时不乱跑，不喊叫，不打闹，具有基本的自我保护能力； 5. 遵守规则，正确使用器械，注意爱护，用完后帮助教师将玩具、器械、材料放回原处并摆放整齐	1.1 提高小容的平衡能力； 1.2 提高小容做体操的能力； 1.3 提高小容双脚跳的能力； 6.3 提高小容保持身体清洁的能力； 7.1 提高小容参与团体活动的能力	在老师的言语提示下，注意力有一定的持久性； 愿意模仿教师和同伴； 基本游戏规则的学习

续表

活动	普通儿童要求	IEP目标	重点融合指导
教学活动	1. 如厕，洗手，做好活动准备； 2. 积极参加教育活动，心情愉快； 3. 注意力集中，乐于动脑，动口，动手； 4. 与教师、同伴分享活动经验； 5. 活动结束后，主动整理活动材料，物归原处	2.1 提高小容折纸的能力； 2.2 提高小容使用剪刀的能力； 2.3 提高小容握笔画画的能力； 3.1 提高小容触觉视觉感知物品的能力； 3.3 提高小容视觉记忆的能力； 4.1 提高小容依序完成活动的能力； 4.2 提高小容对因果关系的理解能力； 5.1 提高小容看图讲故事的能力； 5.2 提高小容语言表达能力； 7.1 提高小容参与团体活动的能力	在集体教学活动中，重点指导小容各领域技能的提高，必要时给予课程调整； 当遇到问题时，学会寻求他人的帮助，与同伴合作共同解决的能力； 在集体活动中，能大胆地表达出自己的意愿
户外活动	1. 整理好自己的服装，冬天不怕寒冷，积极参加锻炼； 2. 值日生协助教师准备好器械； 3. 在指定的范围活动，兴趣浓厚，活泼愉快，学习和提高动作技能，会利用器材锻炼身体，具有基本的自我保护能力； 4. 遵守规则，活动时不乱跑，不喊叫，不打闹，不做危险动作，不玩危险游戏； 5. 大班幼儿能自己组织小型多样的体育游戏； 6. 在教师带领下，积极参加劳动、散步、自由活动等其他户外活动； 7. 正确使用器械，注意爱护，用完后帮助教师将玩具、器械、材料放回原处并摆放整齐	1.1 提高小容的平衡能力； 1.3 提高小容双脚跳的能力； 4.1 提高小容依序完成活动的能力； 5.2 提高小容语言表达能力； 5.3 提高小容与同伴的沟通能力； 7.1 提高小容参与团体活动的能力	基本运动技能的提升； 能对同伴表现出友爱的行为； 当遇到问题时，学会控制自己情绪，同伴的互动〔至少与一名同伴进行游戏或玩耍并能与同伴合作性玩耍，有一定的持久性（5—10分钟）〕； 结合阳光体育活动完成拍球、平衡木、投掷、双脚连续跳、坐位体前屈的练习

续表

活动	普通儿童要求	IEP目标	重点融合指导
午睡	1. 稳定情绪（睡前小故事、轻音乐等），懂得午睡对身体有益； 2. 安静地进入寝室，铺平被子，放平枕头； 3. 按顺序穿脱衣服装，并叠放整齐，放在固定的位置； 4. 盖好被子，闭上眼睛，安静入睡，保持正确睡眠姿势（右侧卧或仰卧）； 5. 不带小玩物上床，不东张西望，不蒙头睡，养成良好的睡眠习惯； 6. 早醒时可进行安静活动，不出声响，不影响同伴； 7. 按时起床，不拖拉，学习整理床铺	4.1 提高小容依序完成活动的能力； 6.1 提高小容穿脱衣服的能力	可以用连锁反应的方法教给穿脱复杂衣服的技能； 同伴的支持作用
活动区	1. 活动中能自己的意愿参与活动，并按自己的兴趣选择活动区域； 2. 活动中大胆选择材料，大胆尝试操作，摆弄材料，和小伙伴互动，发现同材料不同玩法，积累经验，体验成功的乐趣，思考解决问题和疑惑	2.1 提高小容折纸的能力； 2.2 提高小容使用剪刀的能力； 2.3 提高小容握笔画的能力； 3.1 提高小容触觉嗅觉认知物品的能力； 3.2 提高小容视觉分辨的能力； 3.3 提高小容视觉记忆的能力； 4.1 提高小容依序完成活动的能力； 4.2 提高小容对因果关系的理解能力； 5.1 提高小容看图讲故事的能力； 5.2 提高小容语言表达能力； 5.3 提高小容与同伴的沟通能力	自己选择喜欢的区域，并使用区域内的玩具或材料； 在区域活动时能与同伴合作玩耍，有一定的持久性（5—10分钟）； 当遇到问题时，学习寻求他人的帮助，与同伴合作共同解决的能力
离园	1. 离园前把玩具、材料、椅子收放整齐，归位，整理好活动环境； 2. 整理自己的仪表，带好自己的物品，不是自己的东西不拿； 3. 主动向老师、小朋友及其他家长道别； 4. 不独自离开幼儿园，不跟陌生人走	4.1 提高小容依序完成活动的能力； 5.2 提高小容语言表达能力； 5.3 提高小容与同伴的沟通能力； 6.1 提高小容穿脱衣服的能力	引导其主动对个人物品进行整理； 主动和老师、小朋友说再见

文本十：其他

计划教学情境：班级、个别补救教学、家庭

制订日期：2015年5月

检核时间：2016年6月

与会人员签字：

家长_____

幼儿园行政人员_____

班级教师_____

特教教师_____

其他_____

★ **想一想，做一做**

想一想，你可以邀请谁来参加个别化教育计划制订会议，请撰写一份邀请函。

第六部分 如何实施计划

计划制订出来后要怎样实施呢？这是大家都关心的一个问题，也是计划制订的最终目的。与中小学的学科教育不同，幼儿园一日生活即教育的课程模式，这决定了个案个别化教育计划的实施也会放在一日生活流程之中；以班级融合活动为主，以补校教学为辅助，注意家园合作的融合模式也决定了个别化教育计划的实施场所为班级、补救教学及家庭之中。本部分将从三个方面介绍个别化教育计划的实施：融合班级中、个别补救教学中以及家庭中的实施。

一、计划实施的几个要点

（一）实施情境及实施人员

个别化教育计划的实施情境主要有三个方面：融合班级、个别补救教学以及家庭。与之相对应，实施人员是班级教师、特教教师及家长。不同实施情景所适用的计划目标不同，如"提高小容参与团体活动的能力"更适合在融合班级中进行；"提高小容使用社区设施的能力"则需要在家庭中进行。有的目标在不同情境下均可实施，如"提高小容保持身体清洁的能力"在融合班级和家庭中均可实施；"提高小容双脚跳的能力"在班级、补救教学及家庭中均可实施。对于多重情境下均可实施的目标，就需要实施者将目标转化为当下情景中适宜的活动内容。

（二）实施内容

计划目标不等同于学习内容，如小容在粗大动作方面有三个长期目标：平衡能力、做体操的能力、双脚跳的能力。三个目标下共有九项短期目标，这九项目标的达成情况反映的是个案在该领域的发展状况，不能简单地作为活动内容进行操作。教师或家长应将目标转化为适宜的活动内容，以短期目标"1.1.1　能单脚站立5—10秒"为例，错误的做法是让儿童枯燥地练习单脚站立，即使儿童在多次练习下达成目标，也不能真实反映其在该领域发展的真实水平。正确的做法是转化为游戏化的活动内容，如"在户外走木桩""大风吹"，不仅增加了活动的游戏性和趣味性，而且也不会产生阻断个案发展的整体性问题。在"大风吹"的游戏中不仅会提升个案的单脚站立的能力，也可能会加入同伴互动，促进其触觉感知等能力的发展。

（三）实施策略

1. 自然情景教学。

自然情景教学指的是将个案的目标放入自然环境和场景下，通过与他人互动、肢体操作等方式获得能力的提升（如表6-1所示）。幼儿园一日生活即课程，一日生活即教育。自然情景下目标的实施既符合学龄前儿童的年龄特点，又有利于特殊需要儿童所学技能在不同情景下的使用和泛化，是某些领域目标实施的必然途径。

表6-1　适合自然情景教学的长期目标（以小容为例）

5.3　提高小容与同伴的沟通能力。
6.1　提高小容穿脱衣服的能力。
6.2　提高小容的餐饮礼仪。
6.3　提高小容保持身体清洁的能力。
7.1　提高小容参与团体活动的能力。
7.2　提高小容使用社区设施的能力。
7.3　提高小容的安全意识

2. 课程调整教学。

课程调整教学是指班级教师将当前的活动内容进行调整，以适应包括特殊需要儿童在内的所有儿童的发展需求，由此达成特殊需要儿童计划目标的一种策略（如表6-2所示）。这种方法是融合班级中使用最多的一种。课程调整包括对课程活动的活动目标、活动材料、辅助策略等的调整，可以发生在区域活动、教学活动、户外游戏活动之中。

表6-2　适合课程调整教学的长期目标（以小容为例）

1.1　提高小容的平衡能力。
1.3　提高小容双脚跳的能力。
2.2　提高小容使用剪刀的能力。
4.1　提高小容依序完成活动的能力。
3.3　提高小容视觉记忆的能力。
5.2　提高小容语言表达能力

3. 个别指导教学。

当个案的发展目标与同龄儿童的发展目标差距较大，在集体生活中无法通过活动调整的方法实现时，就需要进行个别指导（如表6-3所示）。个别指导的实施者可以是班级教师，也可以是特教教师。活动设计和活动材料都源于个案的计划目标。

表6-3　适合个别指导教学的长期目标（以小容为例）

2.1　提高小容折纸的能力。
2.3　提高小容握笔画的能力。
3.1　提高小容触觉感知物品的能力。
4.2　提高小容对因果关系的理解能力

目标所适用的教学策略并不是唯一和固定不变的,某些目标在三种情境下均可适用。下面以实例进行详细介绍。

二、融合班级中的实施策略

融合班级中个别化教育计划的主要实施者是班级教师,特教教师起辅助和支持的作用。在融合班级中实施计划并不复杂,教师只需要谨记,特殊需要儿童是班级中差异最大的一个。所以,教师需要在设计班级各类计划和活动时将这种差异考虑其中。如下列问题,我们可以由此来判断个别化教育计划在班级中的实施情况。

1. 在班级保教计划和安全计划的制订中是否将个案的目标纳入其中?
2. 在主题活动的设计中是否充分考虑个案各领域目标与主题五大领域目标的融合?
3. 在月计划的制订中是否将个案的目标纳入其中?
4. 在半日计划中是否参考个案的目标而对活动进行调整?
5. 在作品呈现中是否能够体现个案目标的达成情况?
6. 教师的教育行为是否因个案的目标有所调整?

(一)个别化教育计划月计划实施表

每个月的月初特教教师与班级教师一起商讨制订个别化教育计划班级实施表,将个案的短期发展目标选取出来,嵌入班级一日生活之中(如表6-4所示)。在选取短期目标的过程中,不要贪多,建议每个领域选择一到两个短期目标,撰写实施意见并与班级的主题活动设计相结合。

表6-4 个别化教育计划班级实施表(月)

领域	短期目标	入园或离园	就餐	区域活动	过渡环节	教学活动	户外活动
粗大动作	1.3.3 能够在言语提示下,双手将绳抡过去并双脚跳过跳绳,准确度达80%; 1.2.1 在言语提示下完成"两队变一队,一队变两队"的队列变化,准确率达80%						与教师、同伴玩绳子游戏,如抡大绳、绳子过河游戏、双手拿绳子与同伴面对面抻绳子等;先由助教教师协助,再引导同伴协助;找个案的好朋友结对子

续表

领域	短期目标	入园或离园	就餐	区域活动	过渡环节	教学活动	户外活动
精细动作	2.2.2 能够在言语提示下沿曲线剪纸，准确率达80%； 2.3.2 能够在言语提示下描画较复杂图形、数字、简单字，准确率达80%			结合近期活动主题，完成"脸谱"的半成品制作； 投放剪纸、绘画的区域材料，在材料中增加教师的隐形提示，如折痕		在绘画类活动中，给个案练习使用多种绘画材料的机会，如提供更粗的笔； 协助教师进行活动准备工作（有关剪纸的活动）	
感官知觉	3.1.2 能够根据他人对物品特征的描述，从触摸袋中摸出日常生活中常见物品，准确率达80%			操作科学动手做材料，增加触觉体验； 在科学区对触摸袋的物品进行探索、触摸		帮助教师叠放毛巾，增加触觉体验	操作科学动手材料
认知	4.1.2 能够依序完成3个步骤以上的活动，准确率达80%		在视觉提示下，完成刷牙的连续动作	益智区通过"生肖大转盘"教具进行点数以及排序	提供一日生活流程提示卡，学会看提示卡； 模仿同伴完成一日生活活动		能够在排队时有意识地跟着队伍走，不落队
语言交往	5.1.3 能够将两到三个简单的情景故事大胆地在班集体中叙述出来，准确率达80%； 5.2.3 能够模仿同伴分享自己的感受，"我觉得……""我认为……"准确率达80%	晨检时，能主动与教师、小朋友问好（早上好），有回应性的语言； 和教师分享来园路上有趣的事情		在图书区投放清明假期幼儿自制的图书，将内容分享给同伴	能够简要表达出自己所在区域的活动内容以及感受； 能够将所学的故事大胆地在班里叙述出来	能够举手回答问题，大胆与同伴、教师分享自己的意愿	户外活动时，当有需求或需要帮助时，主动向教师寻求帮助

（二）一日活动中自然情景教学实施

示例1：

对应的IEP目标：5.2 提高小容语言表达能力（如表6-5所示）。

自然情景：新闻播报。

新闻播报是儿童升入大班后，教师用于锻炼儿童当众表达能力的重要活动。儿童要收集身边发生的重要事件，在家长的协助下，用图文并茂的形式，在全班儿童面前讲解。特殊需要儿童即使语言的清晰度不够，不能独自完整地讲解整个事件，但在他人的提示下，在全班儿童的面前勇敢地表达，不仅能在言语技能上有所提升，而且也能促进特殊需要儿童的自信心和自尊心的增强。

表6-5 新闻播报活动

项目	普通儿童	特殊需要儿童
活动目标	1. 关注并记录身边发生的事情，乐于与同伴分享； 2. 能够较完整地讲述播报内容	1. 乐于与同伴分享，能够勇敢地站在台前大声讲话； 2. 能够在老师的言语提示下讲述包含五个情节的播报内容
活动准备	经验准备：有观看同伴播报的经验； 物质准备：在家长协助下制作的图文并茂的播报材料	经验准备：有观看同伴播报的经验，已经进行了多次练习； 物质准备：在家长的协助下事先准备好的包含五个情节的播报内容
活动过程	1. 介绍新闻播报员，引入活动。 师：今天的小小播报员是××，小朋友们鼓掌欢迎。 2. 教师鼓励播报员大声播报。 幼儿进行播报，提醒同伴倾听。教师对播报内容进行提问："他播报了什么内容？"引导幼儿完整地讲述播报内容。 3. 鼓励播报员对自己的播报内容进行提问；引导播报员提问日期、天气情况等多种问题；播报员选择一名同伴回答问题。 4. （小结）师："今天的播报员有哪些值得我们学习的地方？" 引导幼儿总结经验，借鉴别人的长处，让自己变得更棒	1. 引导幼儿欢迎播报员。 师：今天的小小播报员是××，小朋友们鼓掌欢迎。 2. 教师鼓励小容大声地用完整的话语播报；提醒同伴倾听；教师对播报内容进行提问："他播报了什么内容？"引导小容完整地讲述播报内容。 3. 对于同伴的回答，询问小容的意见："你觉得刚刚小朋友回答的对吗？"引导小容与教师、同伴分享自己的感受，如"我觉得……"。 4. 小结："今天的播报员有哪些进步的地方？" 对小容的进步做出肯定，也引导幼儿尊重他人，愿意赞扬他人
延伸活动	将幼儿播报单放在活动区，供同伴阅读	

本活动中因特殊需要儿童所做的调整为：

（1）降低活动目标，将"完整地讲述播报内容"改为"包含五个情节的播报内容"；

（2）增加教师的言语提示。

新闻播报、值日生的报菜名、点名环节、升旗仪式等都可以将特殊需要儿童的发展目标渗透其中,通过教师、环境的支持,使个体获得在自然情境中的发展。

示例2:

对应的IEP目标:7.1 提高小容参与团体活动的能力(如表6-6所示)。

自然情境:小小值日生。

中大班儿童担当值日生,不仅在身体技能上得到锻炼,更加重要的是增强了儿童为他人服务的意识,增强了责任感和自豪感。对于普通儿童来说,值日生工作并不存在多大难度,对于特殊需要儿童则不然,分发餐具需要数与量的配对、顺序做事等能力;播报菜名,需要较高的语言表达能力;监督小朋友洗手,需要基本的观察能力和语言表达能力;整理图书,需要具有一定的分类和配对的能力。担当值日生,是锻炼特殊需要儿童各方面能力的重要活动。

表6-6 小小值日生活动

项目	普通儿童	特殊需要儿童
活动目标	1.愿意做值日生,有责任心,体会为大家服务的快乐与自豪感; 2.能够明确值日生的工作职责,学习细致、有条理地做事	1.愿意做值日生,有责任心,体会为大家服务的快乐与自豪感; 2.能够在协助下承担班级值日生工作,模仿同伴做好值日生工作
活动准备	有做值日生的经验	有少许做值日生的经验; 值日生工作内容卡片
活动过程	1.活动前讨论。 根据先前经验,与幼儿讨论值日生的基本职责: "值日生都有哪些工作?" "自己都承担过哪些工作内容?" 通过讨论,得出值日生的基本职责。 请幼儿自己选择愿意承担的值日内容,明确分工,并清楚自己与其他值日生合作的先后顺序。 2.活动中。 幼儿根据自己选择的内容进行值日,结束后进行交流。 3.结束后。 介绍做值日生时,要介绍他帮助班级和小伙伴做了哪些事情、是如何做到的。 请幼儿说一说得到值日生帮助后的感觉。 分享做好值日后心里的想法与快乐,提高值日生的责任感与自豪感	1.活动前讨论。 请小容选出值日生工作卡,在工作卡的提示下,说出值日生都有哪些工作。 能够在教师的语言提醒下举手,并大声地回答自己知道的内容。 出示值日生工作内容卡片,请小容按值日的内容先后进行排序。 请小容选择愿意承担的值日内容,明确分工,并清楚自己与其他值日生合作的先后顺序。(师:"你想监督小朋友洗手,还是准备餐具?") 2.小容按照自己的意愿进行值日。 鼓励小容在进行值日生工作的过程中主动向同伴寻求帮助。 教师用少量的语言提示小容注意看同伴的做法,并向同伴学习。 3.活动后交流。 请小容大声介绍自己帮助班级和小伙伴做了什么以及是怎么做的,值日后小朋友对她说了什么。(教师言语提示:"请小容分享一下做值日生的快乐。") 4.教师表扬小容在值日生工作中做得好的地方,表扬帮助小容完成值日工作的小伙伴
延伸活动	每周评选优秀值日生,给予其表扬和奖励	

本活动中因特殊需要儿童所做的调整:

(1)为特殊需要儿童提供视觉提示卡——值日生工作内容卡片;

（2）简化选择，让特殊需要儿童从两项值日生工作中选出一项，从而降低难度。

值日生的工作并不简单，所以就需要增加教师的隐形支持，如学期的后半段请个案做值日，让其有一定的观察他人的机会；安排能力较强、乐于助人的同伴与其一起承担值日生工作；从最简单的任务开始等。

示例3：

对应的IEP目标：6.1 提高小容穿脱衣服的能力（如表6-7所示）。

自然情景：午睡后穿衣服。

表6-7 午睡后穿衣服活动

项目	普通儿童	特殊需要儿童
活动目标	1. 能够按照正确顺序穿衣服和鞋袜； 2. 能够将秋裤裤腿塞到袜子里	1. 能够在他人少许肢体协助下穿衣服和鞋袜； 2. 能够把袜子穿好，在教师协助下把秋裤裤腿塞到袜子里
活动准备	经验准备：知道正确穿衣服和鞋袜的顺序； 物质准备：午睡前脱下的衣服和鞋袜	经验准备：愿意尝试穿衣服； 物质准备： 1. 午睡前脱下的衣服和鞋袜； 2. 一把椅子
活动过程	1. 孩子们从轻音乐声中醒来，教师向午睡醒后的幼儿打招呼。 师："孩子们，下午好！" 2. 教师提醒幼儿按照正确的顺序穿衣服和鞋袜。 3. 重点讲解秋裤裤腿要塞到袜子里。 师："我们的秋裤裤腿一定要塞到袜子里，你们知道为什么吗？" 教师小结：（1）可以保暖；（2）秋裤不会往上跑，穿着舒服，穿外裤也方便。 4. 同伴协助和督导。 穿好一只袜子，就把袜子边缘撑开，把秋裤裤腿塞进去，前后都要塞； 检查一下是不是有没塞好的地方； 用同样的方法塞另一条裤腿。 5. 幼儿穿衣服和鞋袜。 幼儿下床午检后，穿衣服，教师巡视指导并协助幼儿穿好衣服和鞋袜	1. 小容下床午检后，教师利用反向连锁反应的方法协助幼儿穿好上衣。 2. 练习穿袜子。 提醒小容要眼睛看着袜子； 在小容前面放把椅子，让她把脚放在椅子上穿袜子； 引导小容先把袜子前面穿好，在穿到脚后跟之后再往上抻。 3. 请同伴帮助小容把裤腿塞到袜子里
延伸活动	在家中练习穿袜子，巩固幼儿把秋裤塞到袜子里的良好习惯	

本活动中因特殊需要儿童所做的调整为：

（1）教师使用反向连锁反应帮助个案学习穿衣服。反向连锁反应是行为管理技术中一项重要的塑造良好行为的方法。在本活动中教师将穿上衣的步骤分为：区分衣服反正、将衣服披在身上、穿左袖子、穿右袖子、拉上拉链五步。教师协助其完成前四步，个案完成最后一步。个案熟练后，再逐渐完成后两步、后三步……直至完成全部穿衣动作。

（2）增加教师协助。

（三）一日活动中课程调整教学实施

1.区域活动中目标实施举例。

（1）嵌入式课程调整。

嵌入式课程调整指的是将个案的个别化教育计划目标渗透到区域活动中，以小组活动最为常见。

示例1：

对应的IEP目标：3.1 提高小容触觉感知物品的能力（如表6-8所示）。

表6-8 魔术袋活动

活动类型	小组活动（教学场景：区域活动）	
区域材料	魔术袋	
项目	普通儿童	特殊需要儿童
材料玩法	1.能够在多种物品中摸出指定常见物品； 2.能够记录下自己摸出的物品并能描述摸出的指定物品的特征	1.在教师的言语提示下能从两种特征物品中摸出常见物品； 2.能够描述摸出的指定物品的特征
活动准备	物质准备：魔术袋、记录单、常见物品若干	物质准备：魔术袋、记录单、两种常见物品
活动过程	1.教师出示魔术袋，让幼儿观看，激发幼儿的兴趣。 师："你们见过魔术师变魔术吗？你的小手放进去也可以变出记录单上的东西哦。" 2.幼儿在若干物品中摸出记录单指定的物品。 引导幼儿看记录单； 记录单上面有什么？按顺序摸； 记录下自己摸出的是否正确。 3.能够描述摸出的指定物品的特征。 师："你是怎么摸出这个物品的？" 师："为什么摸出来的不对呢？" 引导幼儿发现物品之间特征的不同，与教师、同伴分享自己的经验	1.教师出示魔术袋，激发小容的兴趣，请小容试一试。 2.小容在教师的言语提示下在两种物品中摸出指定物品。 引导小容看记录单上的物品，有什么不同； 引导小容按顺序摸； 教师协助小容记录下自己摸出的是否正确； 小容能够描述摸出的指定物品的特征； （师："这两个物品有什么不一样？"） 引导小容发现物品之间的不同，总结自己的经验）
延伸活动	同伴之间可以一起玩魔术袋的游戏； 熟练一段时间后换物品和记录单，增加物品的相近度	

本活动中因特殊需要儿童所做的调整：

① 特别设计的记录单，仅包含两个选项，降低难度；

② 教师协助。班级幼儿可独立探索和玩耍魔术袋的游戏材料，但对于特殊需要儿童来说，可以增加教师协助。

（2）调整区域材料。

根据特殊需要儿童的发展需求，提高区域材料的层次性。区域材料不是一成不变的，也不是仅适合某一发展水平的儿童。通过调整区域材料的难易程度、丰富辅助材料、改变操作方法，使特殊需要儿童受益，完成其发展目标。如在美工区，精细动作很差的儿童不能手握水彩笔，那么教师可以提供更大的刷子；不能完成涂抹胶棒的工作，教师就可以在固定的纸上提前刷好胶，儿童只需要完成粘贴的活动就行。

以图书区为例，如果个案精细动作很差，无法完成翻书的动作。班级教师如何通过材料的调整帮助个案走进图书区呢？

如图6-1所示，教师将个案最喜欢的图书进行分页处理：将图书的每一页都粘贴上有一定厚度的塑料泡沫，或者粘贴既代表页码又便于翻动的数字卡片，个案就可以很容易地翻阅图书了。

图6-1　图书分页处理

（3）增设与特殊需要儿童相符的玩具材料。

随着年龄的增长，特殊需要儿童与普通儿童的发展差距越来越大，为了在区域活动中实现特殊需要儿童的个别化教育计划目标，就需要增设区域材料。

示例2：

对应IEP目标：2.2.1　能够沿直线剪出粗细不等的纸条，准确率达80%。

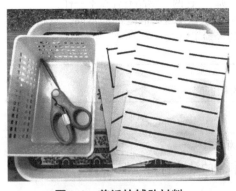

图6-2　剪纸的辅助材料

材料名称：好玩的剪纸。

材料目标：可以沿线剪出纸条。

设计意图：剪刀在大班儿童手中已经成为如同画笔一样的工具，他们可以自如地剪出想要的图案。特殊需要儿童还处于剪刀使用的初级阶段，如何抓握剪刀、如何开合剪刀以及剪出线条是特殊需要儿童的练习重点。所以教师在美工区投放了剪纸的辅助材料（如图6-2所示），材料只能满足个体剪刀灵活性的练习。针对特殊需要儿童的手部精细动作的练习。还需要通过区域里橡皮泥、拼插类玩具、串珠、手指操等活动得以提升。

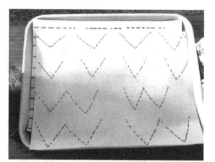

图6-3 描画线条的辅助材料

示例3：

对应的IEP目标：2.3.2 能够在言语提示下描画较复杂图形、数字、简单字，准确率达80%。

材料名称：好玩的线条。

材料目标：沿线进行笔触练习。

设计意图：大班儿童的书写主要发生在绘画和游戏中，他们可以书写名字，掌握了虚线连线的运笔技巧，端正了书写姿势。普通儿童可以在田字格里描画线条，但在太小的田字格里特殊需要儿童无法完成练习，遂设计了这份材料（如图6-3所示）。笔触练习可以先从直线开始，慢慢转为折线、曲线，最后到复杂图形，慢慢增加材料的难度。笔触练习对特殊需要儿童的注意力提升也会有极大的帮助。

（4）教师指导更具针对性。

针对个案经常进入的区域，在醒目的位置放置视觉提示板（如图6-4所示），列出近期发展的短期目标、区域活动建议以及教师的辅助策略。负责该区域指导的教师对个案的目标一目了然（如图6-5至图6-7所示），在活动指导中就更具针对性。

2.教学活动中目标实施举例。

教学活动的融合是最有难度的，特别是升入大班以后，特殊

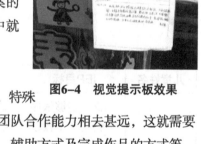

图6-4 视觉提示板效果

需要儿童与普通儿童的认知能力、思维发展、动手能力、团队合作能力相去甚远，这就需要教师对教学活动进行适度调整，包括活动目标、活动材料、辅助方式及完成作品的方式等。下面将通过几个例子说明如何通过调整来完成教学活动中小容的个别化教育计划目标。

美工区　　　　　　　　　　　　活动时间：4月25日—4月29日

儿童姓名	IEP目标	区域活动建议	辅导策略
小容	2.2.2 能够在言语提示下沿曲线剪纸，准确率达80%	• 在教师的言语提示下，正确佩戴进区卡； • 在提示下能够完成《剪老虎》《剪小人》的区域作业单； • 活动结束后，能够在提示下，将使用的工具、垃圾整理好，进区卡放回到指定位置	• 教师在小容剪纸时尽量给予言语提示； • 引导小容正确使用剪刀，将收拾好纸屑作为辅助重点
教师的指导备注			
2016年4月25日：小容能够拿取画有"—""口""〇"半成品材料进行剪纸，并在提示下完成作品粘贴工作。活动中情绪稳定，参与活动的积极性较高，灵活使用剪刀的能力有待提高。			

图6-5 视觉提示板内容1

表演区　　　　　　　　　活动时间：4月25日—4月29日

儿童姓名	IEP目标	区域活动建议	辅导策略
小容	7.1.1 能在教师言语提示下参与团体活动，集体活动中能表现自己并遵守活动规则，准确率达80%	• 在教师的言语提示下，正确佩戴进区卡； • 愿意听从同伴的角色划分，担任相应的舞蹈角色； • 模仿视频及同伴的动作做出简单的肢体动作； • 活动结束后，能够在提示下，将使用的工具、垃圾整理好，进区卡放回到指定位置	• 教师鼓励小容通过肢体动作大胆地表现自己，指导小容将简单的两个动作连贯起来，协助其寻找同伴一起完成舞蹈动作； • 小容在活动中穿着服装、佩戴饰品是辅导的重点
教师的指导备注			
2016年4月25日：小容在表演中的主动参与意识较强，能够自己选择角色，并寻求他人帮助来穿衣服、佩戴配饰；能够模仿同伴做简单的动作，能够在引导下做与同伴拉手、拉圈的动作。			

图6-6　视觉提示板内容2

科学区　　　　　　　　　活动时间：4月25日—4月29日

儿童姓名	IEP目标	区域活动建议	辅导策略
小容	4.1.2 能够依序完成三个步骤以上的活动，准确率达80%	• 在教师的言语提示下，正确佩戴进区卡； • 在协助下选择科学区材料，如《滴滴答答的发电机》《机器夹子》等； • 在引导下按步骤完成材料提供的操作卡； • 活动结束后，能够将教具放回原处	• 教师指导小容熟悉正确的操作流程，协助儿童按步骤完成任务； • 按步骤操作是辅导的重点
教师的指导备注			
2016年4月25日：小容在操作《机器夹子》时，手部灵活度较差，教师适度引导同伴参与游戏，共同完成此材料的操作。			

图6-7　视觉提示板内容3

示例1：

对应的IEP目标：7.3 提高小容的安全意识（如表6-9所示）。

表6-9 安全用电我知道活动

活动名称	安全用电我知道	
项目	普通儿童	特殊需要儿童
活动目标	1. 了解电的用途，知道安全用电不会发生危险； 2. 通过讨论知道安全使用电器的基础知识； 3. 增强自我保护意识	1. 知道哪些物品是电器； 2. 知道不用手触碰电源，不玩电器； 3. 增强自我保护意识
活动准备	经验准备：知道常用电器，操作过部分电器； 材料准备：儿童用书人手一册，电线一段，插座一个，"电"的标志一个	经验准备：看过他人操作电器； 材料准备：儿童用书、常用电器的图片
活动过程	1. 了解常用电器的用途。 教师："你们知道生活中都有哪些电器吗？""它们有什么用途？" 结论：生活中常用的电器及其用途。 2. 组织幼儿讨论电器的危险。 "如果你们家的电线破了，怎么办？" "如果你看见电线断落在路上，应该怎么办？" "电源插座有没有危险？" 结论：不能靠近破损的电线及断落的电线，要告知家长处理。不能玩电器。 3. 出示幼儿用书，请幼儿讨论。 "你看到了什么？" "有没有危险？" "应该怎样做？" 结论：再次巩固电器的使用安全意识	1. 给小容呈现电器的图片，帮助其认识家中哪些物品是电器。 2. 参与讨论，先请其他幼儿表达观点，最后再请小容发言。 3. 请小容回答她看到了什么。鼓励小容用完整的话语进行表达
延伸活动	在区域中投放电器的照片，如电器、日用品、食物等分类，帮助特殊需要儿童进一步巩固电器的概念	

本活动中因特殊需要儿童所做的调整为：

（1）目标调整，将普通儿童的"安全用电"降低为"知道哪些物品是电器""知道不用手触碰电源"等；

（2）在活动中的支持方式不同，对特殊需要儿童采用隐性支持，如选择更简单一些的问题，或请其他儿童先回答；

（3）在区域材料中投放电器相关的图片，进一步巩固活动目标。

示例2：

对应的IEP目标：4.1 提高小容依序完成活动的能力（如表6-10所示）。

表6-10 有趣的排序活动

活动名称	有趣的排序	
项目	普通儿童	特殊需要儿童
活动目标	1. 喜欢数学学习，能够发现物体排列的规律； 2. 通过观察和操作，学习递增排列规律； 3. 观察能力得到提升	1. 能够静坐参与数学学习活动； 2. 学会"ABAB"物体排列规律
活动准备	经验准备：玩过前进棋的游戏、了解基本的规律变化； 材料准备：黑板、画有递增规律的路线图、两种颜色或者形状的玩具、递增规律提示卡片	经验准备：教师需要提前告诉小容上课内容、活动规则及让小容事先熟悉活动材料； 物质准备：画有两种形状（正方形、圆形）和两种颜色（红、绿）的规律线路图
活动过程	1. 以故事的形式导入： 今天"怪国王"要出游，但是他想走一条和平时不一样的路线；出示路线图，幼儿自主观察路线图，发现图形的排列规律； 2. 幼儿观察并讨论路线： "这条路线有什么特点？" 结论：一个图形是不变的，一个图形是越来越…… 帮助幼儿理解递增的规律。 3. 寻找相似的规律： 国王继续向前走，出现了三条小路，但是只有一条是正确的，请幼儿找出正确的那一条，发现排列的规律； 4. 操作与创新： 走过了岔路口，出现了一条小河，但是河上没有桥，请幼儿设计一条用递增规律排列起来的桥； 幼儿操作，教师观察指导； 对幼儿设计的桥进行评价； 国王过了小河，非常高兴，奖励给幼儿一些有趣的递增规律提示卡； 教师出示卡片，请幼儿三人一组选一张卡片进行操作； 教师观察指导，讲解个别具有典型代表的作品	1. 听故事环节，重点引导小容认真听故事，必要时，要为小容创设回答问题的机会，如让其观察线路图上有什么图形； 2. 助教教师拿出小容课程调整内容的线路图，一对一进行操作讲解，此环节的重点是教会小容两种颜色及两种图形按规律排序； 3. 同伴间的操作，要选择有一定的带动力和喜欢帮助人的小组，在操作时，小容可为组员递卡片，待组员操作完成后，全组幼儿观看小容操作自己的卡片并给予呼应； 4. 在游戏活动中，当小容出现离开座位、干扰其他幼儿的情况时，教师应给予其言语提示；若在活动中出现情绪不稳定现象，可对小容进行区域活动的个别辅导，稳定其情绪
延伸活动	将提示卡投放到益智区，供幼儿在进行区域游戏时操作； 为特殊需要儿童设置难度适中的区域材料	

本活动中因特殊需要儿童所做的调整为：

（1）活动目标的调整，将学习递增规律改为学习"ABAB"规律；

（2）在教师的引导下增加同伴协助，使其承担活动中的角色。

示例3：

对应的IEP目标：2.2 提高小容使用剪刀的能力（如表6-11所示）。

表6-11 冬天的大树剪纸活动

活动名称	剪纸：冬天的大树	
项目	普通儿童	特殊需要儿童
活动目标	1. 观察冬天大树的形态，能够发现粗树枝与细小树枝的连接关系； 2. 能够脱稿剪大树，练习剪粗树枝与细小树枝的连接	1. 能够用正确的姿势使用剪刀，在教师的言语提示下可以沿曲线剪纸； 2. 能够在班级中大胆描述自己的观察
活动准备	经验准备：剪大树的经验； 物质准备：院子里大树的图片、幼儿之前的大树剪纸作品、剪刀、小筐、纸	经验准备：用剪刀剪直线的经验； 物质准备：院子里大树的图片、剪刀、小筐、画有粗线简笔画大树的纸
活动过程	1. 带幼儿到院子里观察大树，重点观察粗树枝与细小树枝的关系： "请小朋友们观察一下大树，树枝是什么样子的？" 结论：有粗树枝和细小树枝。 2. 出示幼儿之前的大树剪纸作品，与今天观察到的做对比： "之前我们剪的大树与今天我们观察到的大树有什么不一样吗？"（没有细小的树枝。）"细小的树枝是和大树的哪一部分连接的？"（粗树枝。） 结论：之前剪的大树没有细小的树枝，细小的树枝是和粗树枝连在一起的。 3. 再次观察大树的轮廓，讨论怎么剪出粗树枝和细小树枝： "我们从树干剪到粗树枝的位置以后，怎样剪细小的树枝？"请幼儿用手指在空中演示自己的想法，指导其用"剪出去再剪回来"的方法。 "我们在剪细小树枝的时候要注意什么？"（不能剪断。） 结论：总结"剪出去再剪回来"的方法；剪细小树枝时不能剪断。 4. 请幼儿按照要求自行取小筐、剪刀、纸进行练习，教师根据幼儿的情况进行个别指导； 幼儿能够进行课后的卫生收拾，有良好的卫生习惯	助教教师言语提示小容大胆举手回答问题； 鼓励小容边说边用手指演示，对小容的回答表示肯定； 请小容自行排队按顺序取材料（画有粗线简笔画大树的纸）并进行练习； 剪纸的过程中，教师言语提示小容进行曲线剪纸的练习，可提供少量肢体协助，帮助小容学习正确使用剪刀的姿势； 课后能够自行收拾废纸，养成良好的卫生习惯
延伸活动	张贴展示幼儿的作品，供大家互相欣赏学习	

本活动中因特殊需要儿童所做的调整为：

（1）活动目标的调整，即普通儿童脱稿剪纸与特殊需要儿童的描画剪纸；

（2）物质准备不同，提供给普通儿童的是剪刀和纸张，提供给特殊需要儿童的是画有大树轮廓的纸张。

示例4：

对应的IEP目标：2.3 提高小容握笔画的能力（如表6-12所示）。

表6-12 五彩缤纷的小鱼

活动名称	美术活动：五彩缤纷的小鱼	
项目	普通儿童	特殊需要儿童
活动目标	1.喜欢参与美术活动，感知美术活动的乐趣； 2.知道可以用各种形状去画鱼儿，并会使用基本工具对鱼儿进行花纹装饰； 3.能为鱼儿身上的花纹涂上漂亮的颜色，大胆配色	1.喜欢参与美术活动，感知美术活动的乐趣； 2.能够握笔画出一到两种简单的形状； 3.能够在轮廓内涂颜色，涂色较为均匀
活动准备	经验准备：有过画小鱼的经历，观察过小鱼； 物质准备：黑色水彩笔、24色油画棒、绘画纸、垫板	经验准备：认识小鱼，涂色较均匀； 物质准备：黑色水彩笔、24色油画棒、绘画纸、垫板
活动过程	1.播放PPT《美丽的鱼》，引导幼儿欣赏鱼的形状和花纹； 2.请幼儿说一说小鱼的形状、花纹和颜色；如颜色：有黄色、蓝色、紫色、红色、白色、灰色等。形状：有圆形、三角形、椭圆形、半圆形等； 3.创作绘画： （1）引导幼儿将鱼的形状画出来（鱼的轮廓画）； （2）自由创作鱼身上的花纹（5种或5种以上）； （3）根据自己的理解与喜好给小鱼身上的花纹涂色（颜色种类不限）； 4.欣赏交流： 幼儿相互欣赏作品并进行交流，教师进行点评	1.播放PPT《美丽的鱼》，引导小容欣赏鱼的形状、花纹和颜色； 2.请小容说一说小鱼的形状和花纹（说出一到两种颜色和花纹）；例如：小鱼是椭圆形的，有黄色小鱼，有紫色小鱼，小鱼身上有圆形的花纹等； 3.创作绘画： （1）引导小容将鱼的形状画出来（可以是圆形的鱼）； （2）自由创作鱼身上的花纹，引导小容在鱼身体上画出1—2种图形； 4.提示小容涂色时不要超出轮廓； 5.欣赏交流： 引导小容欣赏其他幼儿的作品，能够进行简单的交流，教师进行点评
延伸活动	在美工区投放线条画的材料，为特殊需要儿童投放可涂色的半成品材料	

本活动中因特殊需要儿童所做的调整：

目标调整，将普通儿童的装饰小鱼调整为涂色及画一到两种简单的图形。

3.生活活动中目标实施举例。

生活活动包括就餐、如厕、午睡、保持个人清洁等活动内容，这是个案生活自理能力的重要体现。多数融合班级中特殊需要儿童的生活自理能力较弱，如到了中班年龄还不会用筷子吃饭，不会做餐前准备和饭后收拾，不会穿脱衣服，不会刷牙（或吃牙膏），午睡环节嘴里发出奇怪的声音。

可以说，生活环节的融合是个案能够融入班级的第一步，是最重要的一步。良好的生活自理能力，能够保障个体自如地处理自己与班级环境最基本的关系，不需要依赖他人。生活活动中的目标实施大多可采用自然情境教学，即将特殊需要儿童的目标渗透于自然活动中（如表6-7所示）。较差的生活自理能力可能与精细动作、手眼协调、注意力等有极大的关系，提升这些能力也会在一定程度上促进生活自理能力的发展。

4. 户外活动中目标实施举例。

户外活动中目标的实施包括身体技能、社会技能等。在户外活动中，特殊需要儿童往往因模仿能力差、理解力差、注意力不集中等问题表现得跟不上集体游戏，而独自玩耍；难以参与小团体游戏，不会操作游乐器械等。

在此环节中，可以通过调整活动目标的难度、引入同伴支持等策略来实现目标。

示例：

对应的IEP目标：1.2 提高小容做体操的能力（如表6-13所示）。

表6-13 体操队列行进练习

活动名称	体操队列行进练习	
项目	普通儿童	特殊需要儿童
活动目标	1. 乐于参加队列练习，愿意与同伴合作完成相应动作； 2. 能够随音乐完成两队变一队、一队变两队的队列变化	1. 能够在同伴的肢体协助下完成两队变一队、一队变两队的队列； 2. 能够在教师提醒下与同伴进行位置互换
活动准备	经验准备：队列变换时知道教师的手势含义； 物质准备：队列行进音乐、有地面标识的地面	经验准备：可以跟着前面的同伴向前行进，动作较慢； 物质准备：队列行进音乐，有地面标识的地面
活动过程	1. 幼儿分成男孩和女孩两队，进行热身活动； 2. 引导幼儿完成两队变一队、一队变两队的队列： （1）两队变一队队列，请女孩站到与自己平行的男孩子的后面，完成一队； （2）一队变两队队列，请女孩子站回原位； （3）练习两队变一队队列，由每队的排头带领队伍掉头往后走，两队在最后面相遇时变成一队（女孩站男孩后面）走上来； （4）练习一队变两队队列，变成一队走到老师面前，然后掉头分开，变成男孩、女孩两队，走到最后面站在自己最开始的位置； （5）跟随音乐完整地练习两队变一队、一队变两队的队列； 3. 引导幼儿看教师手势完成站位： （1）所有幼儿变成一队（女孩在男孩后面）站到中间的砖块的位置上； （2）教师做手势，第一次分开时，位置互换，女孩站在男孩的位置，男孩站在女孩的位置； （3）教师做手势，两队再合成一队； （4）第二次分开时，各自回到自己的位置上	1. 同伴带小容站在相应的队伍队尾； 2. 值日生带小容完成两队变一队、一队变两队的队列： （1）请值日生带小容站到与自己平行的男孩子的后面，完成两队变一队； （2）请值日生提醒小容站回原位； （3）值日生带小容往前走和掉头往后走，两队在最后面相遇变成一队时，教师肢体辅助和提醒小容走上来； （4）变成一队走到老师面前，教师肢体辅助小容掉头，分成男孩、女孩两队，值日生辅助小容大步走到自己最开始的位置； 3. 在教师提醒下完成位置互换： （1）小容在教师的提醒下站到中间的砖块的位置上； （2）小容在教师肢体辅助下第一次分开并与同伴互换位置； （3）小容在教师提醒下，再合成一队； （4）小容在教师肢体辅助下第二次分开，回到自己的位置上； （5）小容在教师肢体辅助下随音乐练习； 4. 小容在同伴协助和教师肢体辅助下随音乐完整地练习两种队列
延伸活动	在集体游戏中设置相关队列变换的游戏并加强练习	

小容在队列变换中遇到的困难是：（1）不理解教师的手势变换；（2）动作较慢，还没做完第一个动作，同伴就已经开始做第二个动作了。所以在这个活动中，教师使用了他

人辅助的方法,包括教师提示和同伴协助。在两种辅助下,个案基本能够完成队列变换。

三、个别补救教学中的实施策略

融合幼儿园特教资源中心可以为特殊需要儿童提供个别补救教学活动,主要有一对一个别辅导及一对多的小组辅导。当个案的发展目标与班级中同龄儿童发展目标相差甚远,不能通过班级环境调整、活动目标调整在班级中实现时,就可以通过个别补救教学的方式得以实现。下面将通过案例介绍如何通过个别辅导和小组辅导实现个别化教育计划目标。

(一)个别辅导活动中目标实施举例

融合幼儿园中的个别辅导与特教机构中的个训活动略有不同,幼儿园中的个别辅导依然遵循游戏化的活动过程。

示例1:

对应的IEP目标:2.2 提高小容使用剪刀的能力(如表6-14所示)。

表6-14 好吃的面条

活动名称	好吃的面条
活动目标	1.通过观察面条的特点(直的、长长的),愿意用剪纸的方法表现出不同形态的面条; 2.能够将纸剪成直直的、长长的; 3.知道用完剪刀后,放回到指定位置
活动准备	面条图片、纸张、剪好的面条、剪刀、小筐、画好直线的纸张
活动过程	1.导入部分: 唱《问好歌》吸引小容的注意; 幼儿与教师一起唱《问好歌》,唱三遍,每唱完一遍教师就换动作,幼儿模仿教师换动作,提高模仿能力。 2.教师讲解部分: 教师提问:"这是什么?"小容回答:"面条。" 教师提问:"请你说一说面条是什么样子的?"(出示面条的图片,请小容说出面条是长长的、直直的、一条一条的。) 出示用纸剪好的面条引起小容的兴趣。教师说:"你看,这是老师做的面条,你也来做一碗面条吧。" 3.剪面条前提出要求: 掌握拿剪刀的正确方法,用完剪刀后要轻轻放到小筐里。 4.教师进行示范剪面条(在画好的纸张上按照画的线剪): 小容自己动手在画好线的纸上剪面条(教师言语提示); 5. 装饰作品与结束: 将剪好的面条粘在纸盘里,用水彩笔装饰纸盘; 玩游戏"炒面条",小容跟着教师一边说一边模仿教师玩"炒面条"的游戏: "煮,煮,煮,煮面条; 翻,翻,翻,翻面条; 挑,挑,挑,挑面条; 吃,吃,吃,吃面条。" 进一步训练小容的模仿能力,增强小容与教师的互动; 6.结束游戏活动: 以《再见歌》结束游戏活动
延伸活动	材料投放到班级的角区活动,如画好线的纸张、铅笔、剪刀,利用班级角区时间,继续引导小容使用剪刀,可以根据小容的剪纸能力,引导其进行剪曲线等活动

本活动中因特殊需要儿童所做的设计:

① 以相对固定的方式(《问好歌》《再见歌》)开始和结束活动,给特殊需要儿童以心理暗示。

② 教师进行示范,如教师已经剪过的面条、剪刀的正确使用方法等。这一点与普通儿童不同,普通儿童在掌握剪刀的使用技巧后,可以自如地剪纸,教师不给出示范,但特殊需要儿童依然需要。

③ 安全教育与常规培养。特殊需要儿童取放剪刀以及使用剪刀过程中的安全事项至关重要,在练习技能的同时,要做好常规培养。

示例2:

对应的IEP目标:5.1 提高小容看图讲故事的能力(如表6-15所示)。

表6-15 兔子大妈买东西

活动名称	兔子大妈买东西
活动目标	1. 能够看图指认,说出图画中的主要人物; 2. 在语言提示下说出包含两到三个情节的故事; 3. 增强小容的观察理解能力以及语言的概括能力
活动准备	故事图片(三张),兔子、大公鸡、小牛、花母鸡的图片
活动过程	1. 唱《问好歌》: 师生面对面坐好,共同唱《问好歌》,稳定小容的情绪,示意小容活动课将要开始,使其集中注意力。 2. 看图片讲故事《兔子大妈买东西》: (1)教师出示三张图片,分别为:第一张图中兔子大妈提着篮子从家里走出去,图片右上角有一只大公鸡;第二张图中兔子大妈到了菜市场,小牛在卖青菜,兔子大妈挥手;第三张图中小鸡在称虫子,兔子大妈拿出钱递给花母鸡; 请小容仔细观察图片; (2)教师提问,指导小容回答: "你看到了什么?""它在做什么?" 引导小容一边观看图片一边复述包含主语和谓语的句子; (3)请小容用自己的语言把故事情节完整地表述出来,教师给予协助补充; 3. 出示动物图片,请小容根据动物图片复述故事; 4. 结束游戏活动:以《再见歌》结束游戏活动
延伸活动	将故事《兔子大妈买东西》投放在班级活动区,教师引导幼儿选择1—2名同伴共同叙述故事,当故事讲得比较熟练后,可在表演区分角色表演; 教师为小容提供机会——在班级其他幼儿面前讲《兔子大妈买东西》的故事,增加小容的自信心

本活动中因特殊需要儿童所做的设计:

① 以相对固定的方式(《问好歌》《再见歌》)开始和结束活动,给特殊需要儿童

以心理暗示。

② 图片提示，在复述故事环节，教师呈现了小动物的图片，很好地使用了视觉提示的办法。

③ 为特殊需要儿童创设适宜的游戏活动，如通过情节简单的故事锻炼幼儿的观察能力和表达能力。

示例3：

对应的IEP目标：6.1　提高个体穿脱衣服的能力（如表6-16所示）。

表6-16　穿衣服

活动名称	穿衣服
活动目标	1. 能在他人协助下穿脱简单的衣服； 2. 能够在提示下，根据不同的季节选择不同的衣着
活动准备	经验准备：愿意配合老师做穿衣服的动作； 物质准备：特大号布娃娃一个、拉链衣服、系扣子衣服（扣子稍大）、鞋袜、套头衫、不同季节的图片
活动过程	1. 导入部分： 教师和小容面对面坐好，共同唱《问好歌》，稳定小容情绪，示意小容活动课将要开始，使其集中注意力； 教师和小容共同随音乐律动进行手指操，为下面的活动进行做铺垫； 2. 游戏活动： 教师出示娃娃，然后以故事的形式调动小容参与活动的积极性； "这个小娃娃叫小美，她是个漂亮的小女孩，她每天都要穿漂亮的衣服。春天来了，小草发芽了，桃树开花了，天气暖融融的。今天小美要去幼儿园，请小容小朋友帮小美选一下衣服吧！"教师出示春天的图片，给其以视觉提示； 引导小容选择与季节相符的衣服；选择衣服后，教师带领小容一起操作；教师重点指导小容穿脱衣服的技巧； 更改季节图片，改变引导语，请小容再次操作（夏天、秋天、冬天）； 一对一实操后，在班级午睡环节进行泛化练习，教师尽量给予小容以精神鼓励，必要时引导其寻求同伴的帮助； 3. 结束游戏：以《再见歌》结束游戏活动
延伸活动	在活动区中投放不同季节的衣服，通过练习进一步感知不同季节着装的基本特点；在娃娃家活动区域中投放大娃娃及娃娃的衣服、鞋，使小容能够进行多次操作练习； 在家中也请父母为其创设自己选择衣服的机会，并放手让小容自己完成力所能及的事情，要为其创设自己动手操作的机会

本活动中因特殊需要儿童所做的设计：

① 以相对固定的方式（《问好歌》《再见歌》）开始和结束活动，给特殊需要儿童以心理暗示。

② 穿脱衣服与认识不同季节相结合，激发幼儿自己选择衣服，提高自我服务的意识。

③ 增加视觉提示。

示例4：

对应的IEP目标：7.1 提高小容参与团体活动的能力（如表6-17所示）。

表6-17 我来为大三班服务

活动名称	我来为大三班服务
活动目标	1. 练习分发餐具的工作，模仿同伴做好值日生； 2. 提高小容为他人服务的意识
活动准备	经验准备：有观看同龄幼儿做值日的经历； 物质准备：值日生分发餐具的照片、筷子、餐盘、抹布
活动过程	1. 唱《问好歌》： 教师和小容面对面坐好，共同唱《问好歌》，稳定小容的情绪，示意小容活动课将要开始，使其集中注意力； 2. 游戏活动： "班级里的值日生都做哪些事情？" "分发餐具要怎么做呢？" 通过提问，引发小容的思考； 出示分发餐具的图片，与小容一起总结分发餐具的过程； 3. 练习分发餐具： 请小容为每一个位置分发一双筷子，重点引导小容按顺序分发； 请小容摆放餐盘和抹布，重点引导小容一一对应，即一张桌子发一个餐盘、两块抹布； 4. 为小容分发后的餐具拍摄照片； 5. 结束游戏活动：以《再见歌》结束游戏活动
延伸活动	值日生分发餐具的工作可以在班级中泛化和实施，班级教师要多为小容提供为他人服务的机会，并寻找同伴共同完成任务； 与家长进行沟通，在家庭中要为小容提供参与家庭日常整理工作的机会，提高幼儿为他人服务的意识

本活动中因特殊需要儿童所做的设计：

值日生工作是融合班级中常见的活动，对于小容来说，分发餐具时要做到一一对应（一个位置放一双筷子，一张桌子放一个餐盘、两块抹布）还有一些难度。班级教师在引入同伴协助时，容易出现同伴包办代替的现象，遂在个别辅导活动中增加小容分发餐具的练习。小容具备分发餐具的基本能力后，就可以转同伴代替为同伴合作了。

为小容提供分发好的餐具图片，在视觉提示下完成活动。

示例5：

对应的IEP目标：4.1.1 能按两种特征排列，准确率达80%（如表6-18所示）。

表6-18 快来帮我排排队

活动名称	快来帮我排排队
活动目标	1. 学会观察教师排序的基本方法； 2. 能够在教师的语言提示下完成按照由大到小、由小到大的特征进行排列
活动准备	经验准备：有在班级中排队的经验； 物质准备：两种大小的动物图片（狗、猫、兔、鸡）、四条腿及两条腿的动物图片（羊、狗、兔、猫、鸡、鸭、鸟、企鹅）、小筐两个、排队的图片、男孩女孩排队的图片
活动过程	1. 开始部分 进入个别辅导教室后模仿《问好歌》动作：教师与小容面对面坐好，小容跟随教师一起唱《问好歌》，边唱边模仿做动作； 2. 游戏活动 （1）关于排队的讨论。 "什么时候需要排队？" "班里老师是怎么请小朋友排队的？" 出示排队的图片，给小容以视觉上的提示。 总结：男孩一队，女孩一队；或者由高到低排队。 （2）引入游戏"快来帮我排排队"。 "小动物也想出去玩，请你来帮他们排队。" 出示大小不同的四种动物的图片。 "谁长得最大，谁长得最小？" "请你帮他们按照从大到小/从小到大的顺序排队吧。" 请小容排队，教师指导。 （3）按照动物腿的多少分类。 "请你数一数，这些小动物有几条腿？请把四条腿和两条腿的小动物分开，分别放在筐里。" "请你将四条腿的小动物按照从大到小/从小到大的顺序排队。" （4）再次练习从大到小/从小到大的概念
延伸活动	把图片投放到班级角区活动中，在角区活动中进行活动的巩固，针对小容的情况可以增加特征的种类和难度，也可以在家庭中和幼儿园中进行泛化； 在美工区投放操作类材料，理解从大到小、从小到大的概念

本活动中因特殊需要儿童所做的设计：

① 从大到小/从小到大的概念对于特殊需要儿童来说较有难度，最初的排序可以从三个开始练习，慢慢增加到四个、五个。

② 增加对"2"和"4"的认知,将排序升级到两个维度,也可以在日常生活中观察两个维度的排序,如男孩从大到小排序。

示例6:

★ 对应的IEP目标:6.3　提高小容保持身体清洁的能力;4.1　提高小容依序完成活动的能力(如表6-19所示)。

表6-19　小熊拔牙

活动名称	小熊拔牙
活动目标	1. 养成良好的卫生习惯,知道每天刷牙能保护牙齿; 2. 能够在图片提示及儿歌的提示下,完成标准的刷牙动作
活动准备	图片、刷牙的步骤图、牙膏、牙刷、小熊娃娃
活动过程	1. 开始部分。 播放《刷牙歌》,吸引小容的注意。小容一边听一边跟教师做模仿动作。动作根据《刷牙歌》的歌词进行变动。 2. 故事导入部分。 教师讲故事《小熊拔牙》,引导小容完整地听故事的内容。 故事结束后提问:"小熊都吃了什么?""小熊的牙齿为什么疼起来了?""我们应该怎样保护牙齿?" 再次出示图片,与小容一起回顾故事,并总结:不要吃太多甜食,饭后要刷牙。 3. 操作部分。 "咱们一起教小熊刷牙吧。" 教师拿出牙膏、牙刷,示范给小熊刷牙,一边刷一边说儿歌:"刷牙每个地方要刷三下,上面的牙齿往下刷,下面的牙齿往上刷,里面的牙齿平着刷,里里外外刷干净"。 请小容按照教师的方法给小熊刷牙。教师念儿歌。 "现在小熊会刷牙了,你会刷牙了吗?"小容模仿教师做刷牙的动作,一边说儿歌,一边做动作。 4. 结束部分。教师放《刷牙歌》,小容跟着教师一边唱一边做刷牙的动作
延伸活动	在家庭中、融合班级中进行泛化,早、中、晚饭后,按照刷牙的步骤来刷牙; 把牙具、牙刷、娃娃投放到娃娃家,在角区活动时练习刷牙

本活动中因特殊需要儿童所做的设计:

① 刷牙是包含三个步骤以上的活动,对于个案来说,需要一对一地辅导,加强练习。

② 观察刷牙的步骤图以及练习量化的刷牙的动作对于个案来说至关重要。

(二)小组辅导活动中目标实施举例

示例1:

对应的IEP目标:2.2　提高特殊需要儿童使用剪刀的能力(如表6-20所示)。

表6-20 我为妈妈设计发型

活动名称	我为妈妈设计发型
活动目标	1. 通过观察妈妈的照片，说出妈妈头发的基本特点（弯弯的，直直的；长长的、短短的）。 2. 愿意用剪纸的方式表现出妈妈的发型。 3. 能够在老师的提示下进行沿线剪纸的
个案重点辅导	小容、小豆、小珧：沿曲线剪纸，能够用完整的语句表达妈妈头发的特征。 小明、小宇：能独自沿直线剪纸，能够在提示下说出妈妈头发的特征。 小英：能够在肢体协助下沿直线剪纸，能够在图片提示下用一个词说出妈妈头发的特征
活动准备	包含妈妈照片的幻灯片、画有曲线的手工纸、儿童剪刀、小筐、胶棒
活动过程	1.《问好歌》导入活动： 教师和幼儿面对面坐好，共同唱《问好歌》，稳定幼儿的情绪，示意幼儿活动课将要开始，吸引幼儿的注意力。 2. 游戏活动： （1）教师出示妈妈的照片，带领幼儿观察妈妈的头发，说出妈妈的头发特征。 "妈妈的头发是什么样子的？" "妈妈的头发是长长的，还是短短的？" "妈妈的头发是直直的，还是弯弯的？" 教师与每一位幼儿总结妈妈头发的特征。 "小容妈妈的头发是长长的，弯弯的。" （2）教师逐一出示制作的工具，并示范怎样使用。 "怎样使用剪刀呢？" 教师带领幼儿一起做手指张合的动作，进一步练习使用剪刀。 （3）协助幼儿选择制作材料，引导幼儿结合妈妈的照片内容来选择材料。 引导幼儿区分长长的、短短的和直直的、弯弯的。 （4）幼儿沿直线或曲线剪纸，教师指导幼儿学习正确握剪刀的姿势。 教师引导幼儿将剪下的纸条粘贴在有妈妈头部轮廓的画面上，重点指导幼儿粘贴时学会翻纸条，按照头部轮廓顺序粘贴。 （5）作品分享，将手工活动的垃圾收拾好，将工具归回原位放好。 3. 结束游戏活动：以《再见歌》结束游戏活动
延伸活动	将幼儿制作的手工作品带回到班级中，分享给班级其他幼儿；在班级的区域中投放此内容，供幼儿进行练习

本活动中因特殊需要儿童所做的设计：

① 小组活动的活动目标和内容更具针对性，主要来源于几名特殊需要儿童的IEP中相近的发展目标，但每节活动中每名特殊需要儿童的目标层次各不相同，如剪纸能力，有的特殊需要儿童不需辅助就能剪直线或曲线，有的特殊需要儿童需要在视觉提示（纸张上画

有线条）下剪直线或曲线，而有的特殊需要儿童还需要更多的辅助，如肢体协助。在活动设计之初，就要依据每名幼儿的发展基础，提供不同的辅助材料和辅助策略，使特殊需要儿童都在原有基础上得到提高。

② 操作活动中教师的示范。示范是辅助特殊需要儿童的一种方式，在操作类活动中示范是必不可少的。示范帮助特殊需要儿童知晓工具的使用，明白操作的流程。操作前需要示范，操作过程中也可能会需要示范。为特殊需要儿童提供的示范一定要明确，动作要慢，确保他们均能看到。

③ 多目标的结合。本节活动既有精细动作的练习，又有语言表达的练习。

示例2：

对应的IEP目标：1.1 提高特殊需要儿童的平衡能力（如表6-21所示）。

表6-21 平平稳稳过小桥

活动名称	平平稳稳过小桥
活动目标	1.体验在感统游戏中参与游戏及成功的乐趣。 2.在教师协助下安全平稳地走过梅花桩
个案重点辅导	小容、小明：能够较为平稳地走过梅花桩。 小宇、小英：能够较为平稳地走过平衡板。 小豆、小珧：能够在教师的肢体协助下走过平衡板。
活动准备	平衡板若干块、梅花桩若干个、小球若干个、小筐两个
活动过程	1.活动开始部分： （1）唱《问好歌》。 教师和幼儿面对面坐好，共同唱《问好歌》，稳定幼儿的情绪，示意幼儿活动课将要开始，使其集中注意力。 （2）肢体舒展运动。 跟着音乐节奏模仿教师进行全身动作的练习，为下面的活动做铺垫。 2.游戏活动过程——平平稳稳过小桥： （1）教师带领幼儿来到事先布置好的场景面前，场景布置的顺序是：一个小筐（里面放若干个球），平衡板搭建的小桥及梅花桩做成的两条路线，空的小筐一个； 教师讲解游戏规则，示范走过平衡板或梅花桩； 先从筐里拿一个小球，然后手托小球走过平衡板或梅花桩，最后将小球放进空的小筐里。 （2）幼儿独立走小桥； 教师指导幼儿走小桥的顺序，按照摆放顺序走小桥； 教师指导幼儿过平衡板时两脚交替，身体保持平衡，行走时目视前方； 当幼儿走过小桥时，教师要给予强化（肢体表扬——拥抱，物质表扬——小笑脸一枚）； 调整活动路线，使每名幼儿在情境中进行多次练习。 3.播放轻音乐，放松身体，以《再见歌》结束游戏活动
延伸活动	结合班级阳光体育活动继续练习走平衡木；在日常生活中走进社区，参与社区的活动

本活动中因特殊需要儿童所做的设计：

场地材料的呈现体现多个层次。根据本小组特殊需要儿童在平衡能力上的不同，在设置游戏情境时就设置了适合不同能力儿童的材料，一个是平衡木，一个是梅花桩。

示例3：

对应的IEP目标：3.2 提高特殊需要儿童注意力转移的能力（如表6–22所示）。

表6–22 追追看看

活动名称	追追看看
活动目标	1. 幼儿体验追逐游戏的乐趣。 2. 能够在提示下追视多种形式的物体
个案重点辅导	小容、小宇、小英、小明、小豆、小珧
活动准备	三种光点大小不同手电筒、羽毛、彩带、泡泡
活动过程	1. 引起幼儿眼光注意： 出示手电筒，一闪一闪，引起儿童眼光的注意。 "这是什么？""看看它是怎么玩的？" 2. 幼儿能够沿着光点移动的轨迹追视一段时间： 教师用手电筒在地上沿直线平移光点，幼儿追视光点，并用手指跟随； 教师用手电筒在地上沿曲线移动光点，幼儿追视光点，并用手指跟随； 教师在地面上随意移动光点，幼儿能够跟随光点移动脚步。 3. 幼儿能够从对一个光点的追视转移到对另一个光点的追视： 教师按空间四个方位（上、下、左、右）变换光点位置，幼儿能跟随光点不同位置，从对一个光点的注意转移到对另一个光点的注意。 4. 在游戏活动中能够追视移动的轻质物体： 教师散落羽毛，幼儿追逐玩耍羽毛； 教师吹泡泡，幼儿追逐泡泡，也可以让一名幼儿吹泡泡，其他幼儿抓泡泡。 5.《抓尾巴》游戏，老师把彩带放在身后当尾巴，幼儿抓老师身后的"尾巴"，也可以两人一组互相抓"尾巴"
延伸活动	班级融合：1. 活动中引导幼儿用感官（摸一摸、听一听、闻一闻等）感知物品；2. 进行绘画、剪纸、折纸类手工操作。 家庭中：1. 多给幼儿讲故事；2. 玩亲子游戏，如传球、拍球等游戏活动

本活动中因特殊需要儿童所做的设计：

多种材料促进幼儿注意力的发展。特殊需要儿童注意力较难集中，有意注意时间较短，本次活动就通过多种材料，缓慢移动的羽毛、泡泡和瞬间移动的手电筒、彩带，满足不同能力发展需求的幼儿。

四、家庭中实施建议

个别化教育计划中的长短期目标绝大多数可在家庭中实施，因社会技能中的部分目标很难在幼儿园实施，建议家长在家中操作。

任何一个目标在不同情境中实施时都要确保有相同的标准（如表6-23所示）。

表6-23 家庭实施计划举例

领域	长期目标	家庭活动建议
粗大动作	1.1 提高小容的平衡能力； 1.3 提高小容双脚跳的能力	● 玩平衡类游戏，利用社区健身器材提升平衡能力，走马路牙子； ● 可以将幼儿园的体操录下视频，在家中带着儿童做； ● 玩耍跳的游戏，如跳格子； ● 多进行爬山、游泳等活动，提高儿童身体协调性，以及进行力量练习
精细动作	2.1 提高小容折纸的能力； 2.2 提高小容使用剪刀的能力； 2.3 提高小容握笔画的能力	● 多进行操作类的游戏，如剪纸、泥工、画画、粘贴
感官知觉	3.1 提高小容触觉感知物品的能力； 3.2 提高小容嗅觉分辨的能力； 3.3 提高小容视觉记忆的能力	● 多感官感知周围世界的机会，如在厨房里玩面点，闻一闻或尝一尝厨房里调料的不同； ● 多看绘本故事，与儿童一起回忆故事
认知	4.2 提高小容因果关系的理解能力	● 多进行言语的沟通
语言沟通	5.1 提高小容看图讲故事的能力； 5.2 提高小容语言表达能力； 5.3 提高小容与同伴的沟通能力	● 多进行绘本阅读； ● 将旅游、聚会、游玩等经历做成相册，与儿童用言语回忆； ● 创设与同龄儿童玩耍的机会； ● 创设与同龄儿童、成人言语互动的机会，必要时候要给予协助； ● 通过故事表演，学会基本的打招呼、表达需求
生活自理	6.1 提高小容穿脱衣服的能力； 6.2 提高小容的餐饮礼仪； 6.3 提高小容保持身体清洁的能力	● 自己的事情自己做； ● 用任务分析的方法将复杂的工作分解，通过连锁方法引导其学会（如穿脱衣服）； ● 注重就餐礼仪； ● 引导儿童进行餐前准备和餐后收拾； ● 以与幼儿园同样的标准，让儿童自己洗手，指导其刷牙，协助其洗脸
社会适应	7.1 提高小容参与团体活动的能力； 7.2 提高小容使用社区的能力； 7.3 提高小容的安全意识	● 创设与同伴一起活动的机会，如生日会、出游； ● 去朋友家做客； ● 去超市购物； ● 自己制订周末出游计划； ● 用电安全教育； ● 用火安全教育； ● 能够记住父母的电话； ● 能够区分小区里的熟人和陌生人

★ 想一想，做一做

就第四部分中所制定的"提高个体分辨常见关系的能力""提高个体穿脱衣服的能力""提高个体理解因果关系的能力"中的短期目标设计一个融合教育活动。

第七部分　个别化教育计划的效果评价和再次修订

一、个别化教育计划的效果评估

（一）评估的时间

个别化教育计划目标需要一学期进行一次效果评估，一学年进行一次文件修订，主要由个案负责人和班级教师共同完成。

（二）评估的方法

按照目标制定中的通过标准，如"80%的准确率""五次通过五次"来衡量每个目标的通过情况。一般评估后的结果为通过、保留或简化。

通过——目标已经达到。

保留——目标还未达到，需要继续执行。

简化——目标难度较高，个案无法达到。

以小容的个别化教育计划目标为例（如表7-1所示）。

表7-1　小容的个别化教育计划（IEP）目标

评估日期：2016年6月20—24日　　　　　　　　评估人员：孟阁、尤凤娇

领域	长期目标	短期目标	评估结果
粗大动作	1.1 提高小容的平衡能力；	1.1.1 能单脚站立5—10秒，准确率达90%；	通过
		1.1.2 能在少许肢体协助下走平衡木，准确率达80%；	通过
		1.1.3 在言语提示下安全平稳地走过梅花桩，准确率达80%；	保留
	1.2 提高小容做体操的能力；	1.2.1 在言语提示下完成"两队变一队，一队变两队"的队列变化，准确率达80%；	通过
		1.2.2 模仿教师做简单的体操动作（弯腰、伸臂等），5种以上；	保留
		1.2.3 能够站在指定位置模仿教师完成一节连贯性的体操动作，准确率达80%；	保留
	1.3 提高小容双脚跳的能力	1.3.1 能够在言语提示下完成蹲起跳的连续动作，准确率达90%；	通过
		1.3.2 能够自己模仿同伴向前跳3—4下，准确率达80%；	通过
		1.3.3 能够在言语提示下，双手将绳抡过去并双脚跳过跳绳，准确率达80%	通过

续表

领域	长期目标	短期目标	评估结果
精细动作	2.1 提高小容折纸的能力；	2.1.1 能够模仿教师将纸对边折或对角折，准确率达90%；	通过
		2.1.2 能够模仿教师折简单的折纸造型（包含两到三个步骤），3种以上；	通过
	2.2 提高小容使用剪刀的能力；	2.2.1 能够沿直线剪出粗细不等的纸条，准确率达80%；	通过
		2.2.2 能够在言语提示下沿曲线剪纸，准确率达80%；	通过
		2.2.3 能够在言语提示下沿简单图形（圆形、三角形、正方形等）剪纸，准确率达80%；	保留
	2.3 提高小容握笔画的能力	2.3.1 能够在轮廓内涂色，且涂色均匀；	通过
		2.3.2 能够在言语提示下描画较复杂图形、数字、简单字，准确率达80%；	保留
		2.3.3 能够仿画基本图形(正方形、三角形、圆形、长方形等)，准确率达80%	保留
感官知觉	3.1 提高小容触觉感知物品的能力；	3.1.1 能够从两种特征物品中摸出指定常见物品（如铅笔、橡皮、尺子等），准确率达80%；	通过
		3.1.2 能够根据他人对物品特征的描述，从触觉袋中摸出日常生活中常见物品，准确率达80%；	简化
	3.2 提高小容嗅觉分辨的能力；	3.2.1 从两种不同的物体中通过嗅觉指出相应物品，准确率达80%；	通过
	3.3 提高小容视觉记忆的能力	3.3.1 能够说出曾经见过的三种以上的图形（正方形、圆形、三角形），准确率达80%；	通过
		3.3.2 能够说出曾经见过的三种以上物品（纸、铅笔、垫板），准确率达80%	保留
认知	4.1 提高小容依序完成活动的能力；	4.1.1 能按两种特征排列（形状、颜色），准确率达80%；	通过
		4.1.2 能够依序完成3个步骤以上的活动（如餐后整理—刷牙—散步），准确率达80%；	通过
		4.1.3 能够在言语提示下，完成一日生活常规活动，准确率达80%；	简化
	4.2 提高小容因果关系的理解能力	4.2.1 知道简单事物的联系（三种以上），如水和鱼、医生与病人，准确率达80%；	通过
		4.2.2 能够说出行为的后果（三种以上），如下雨了地会湿、吃坏东西要肚子疼，准确率达80%；	保留
		4.2.3 在言语提示下能够对自己经历的事件说出前因后果，准确率达80%	简化

续表

领域	长期目标	短期目标	评估结果
语言沟通	5.1 提高小容看图讲故事的能力；	5.1.1 能够看图指认，说出图画中的主要对象，如动物、树木花草等，准确率达90%；	通过
		5.1.2 在他人的提示下能看图说出包含两到三个简单情节的故事，准确率达80%；	保留
		5.1.3 将两到三个简单的情景故事能够大胆地在班集体中叙述出来，准确率达80%；	保留
	5.2 提高小容语言表达能力；	5.2.1 在需要时能向他人大胆表达自己的意愿，"我要……""我想……"，准确率达80%；	保留
		5.2.2 能够说出主要家庭成员以及父母姓名、电话号码，准确率达90%；	保留
		5.2.3 能够模仿同伴分享自己的感受，"我觉得……""我认为……"，准确率达80%；	简化
	5.3 提高小容与同伴的沟通能力	5.3.1 模仿他人主动说出发起交流的语言，如"你好，我想跟你一起玩玩具"，五次通过四次；	通过
		5.3.2 在与同伴交流时，能主动说出发起交流的语言，五次通过三次	保留
生活自理	6.1 提高小容穿脱衣服的能力；	6.1.1 能在他人少许肢体协助下穿脱套头衫、拉链、粘扣的衣服，准确率达80%；	保留
		6.1.2 能够模仿他人将脱下的衣服按照顺序整理好，准确率达80%；	简化
	6.2 提高小容的餐饮礼仪；	6.2.1 能模仿同伴进行排队取饭和饭后收拾，准确率达80%；	通过
		6.2.2 能做到吃饭时不掉饭粒，桌面保持干净，准确率达80%；	通过
		6.2.3 餐后自行将碗送到指定位置，准确率达80%；	保留
	6.3 提高小容保持身体清洁的能力	6.3.1 能够在饭后或有需要时，独自完成擦嘴或洗嘴的动作，准确率达90%；	通过
		6.3.2 能够独自完成刷牙的基本动作（取牙杯—拧开牙膏—挤牙膏—拧上牙膏—接水—刷牙—冲洗牙杯、牙刷—放好），准确率达80%；	保留
		6.3.3 能够在图片提示或儿歌的提示下，完成标准的刷牙动作，准确率达80%	保留

续表

领域	长期目标	短期目标	评估结果
社会适应	7.1 提高小容参与团体活动的能力；	7.1.1 能在老师言语提示下参与集体活动，集体活动中能表现自己并遵守活动规则，准确率达80%；	通过
		7.1.2 能承担班级值日生工作，模仿同伴做好值日生工作，准确率达80%；	保留
	7.2 提高小容使用社区设施的能力；	7.2.1 能使用社区的主要设施，如在家长的陪同下能去报亭买报纸、去超市买冰棒、到健身器材区域和父母一起运动等，准确率达80%；	通过
		7.2.2 愿意去邻居家做客，并能与邻居家孩子一起玩耍。参与时间达80%。	保留
	7.3 提高小容的安全意识	7.3.1 能够区分熟人和陌生人，能够做到不跟陌生人走、不接受陌生人给的东西，准确率达100%；	保留
		7.3.3 能够知道日常生活中危险的地方不能去，准确率达90%	保留

二、个别化教育计划的再次修订

计划修订是指根据评估结果，对目标进行再次审核，将通过的目标删除，将还需要继续发展的目标保留，将需要简化的目标重修撰写。另外，根据个体发展需要，还会适度增加发展目标。

以个案丁丁（化名）为例，丁丁自2012年9月入读幼儿园托班，发育迟缓，主要表现为语言发育迟缓。入园时仅会说部分元音。表7-2是个案四年中语言领域的某一个长期目标。通过对比，我们能够看到丁丁在语言方面的发展变化，能够看到四年间目标的递进关系。

表7-2 个案丁丁四年评估及修订举例

评量阶段	现有发展水平	IEP目标举例		支持活动
		长期目标	短期目标	
2012年9月初次评量	接受性语言好，表达性语言差，能发的音包括：妈妈、默默、猫猫、汪汪、呀呀、不要、没有、拜拜、啊、流口水	增加丁丁说前准备技能	能够模仿做吹吸气的练习	游戏"吹泡泡""吹蜡烛"
			能够模仿做伸舌头的五种动作（伸舌头、舔嘴唇、舔嘴角、舔绕唇、顶两腮）	互动游戏"跟我这样做"
2013年7月年度评量	说的词汇越来越多，如"尿尿""女孩"等，乐于模仿	提高丁丁仿说的能力	能够模仿老师，说简单的词汇	认识周围的事物
			能够用简单的词汇表达自己三种以上的意愿（如，"厕所""水果""玩"）	激发丁丁表达的欲望，并给予鼓励

续表

评量阶段	现有发展水平	IEP目标举例		支持活动
		长期目标	短期目标	
2014年6月年度评量	包含五个字的句子，可以用言语表达自己的简单需求，可以回答老师的问题，在语言的清晰度上还需要加强。有说的欲望	提高丁丁语言的清晰度	能够清晰地使用日常用语（如，老师早上好）	鼓励丁丁清晰地表达
2015年1月学期评量	丁丁接受性语言良好，表达性语言已经达到一定的水平，可以说长句，可以清楚地表达自己的需求，与老师或小朋友有一定的语言对话。丁丁在语言的清晰度和自发性语言上还需要加强	提高丁丁自我表达的能力	能够进行自我介绍	组织听故事、讲故事活动；给予展示自己的机会
			能够介绍自己的家人或朋友	
			能够以较为清晰的语言展示自己	

第八部分 其他教学活动举例

一、班级融合活动

表8-1 班级融合活动举例1

活动名称	大班美术活动：哈哈大笑的人	
项目	班级幼儿	个案调整
活动目标	1. 通过对多幅（大笑的人）漫画作品的细致观察、讨论和交流，感受漫画中五官夸张的表现手法（重点引导观察嘴巴和眼睛）； 2. 尝试迁移经验，用夸张的方法表现大笑的人（眼、嘴等），体验创作过程带来的乐趣	1. 能够用清晰的语言表达； 2. 能够在老师的言语提示下，完成包括五官的人脸的绘画
活动准备	物质准备：幻灯片（各种开心大笑的人）、铅笔、水粉颜料、水粉笔等绘画材料。 经验准备：有绘画人的经验	物质准备：（同班级幼儿）； 经验准备：能够握笔画线条；知道笑的表情
活动过程	1. 回忆已有经验。 引导语：哈哈大笑的时候，我们的脸上会发生哪些变化？（嘴、眼） 教师小结：嘴张得很大，露出牙齿，眼睛变得很小。 2. 教师出示漫画"大笑的人"，引导幼儿细致观察、讨论作品，并感受漫画中五官夸张的表现手法。 引导语： （1）老师带来了一些漫画，看看漫画上的人大笑的时候是什么样的？ ① 仔细看看这些大笑的人的眼睛、嘴巴发生了哪些变化？（结伴观察和交流） ② 大笑的人嘴巴发生了哪些变化？有的像……有的像……（学一学他们笑的样子） ③ 漫画里把人的嘴巴画得这么大、这么有趣，是用了一种方法，叫夸张。（讨论：什么是夸张？） （2）观察除嘴巴以外其他五官，进一步理解夸张的表现方法（眼睛、鼻子、脸型、头发等）。 3. 幼儿创作。 （1）师：我们也用夸张的方法画一个哈哈大笑的人，你会先画什么呢？ ① 用夸张的方法，你画的脸会变成什么样子呢？ ② 用夸张的方法，你画的嘴巴、牙齿会变成什么样子？ （2）介绍绘画材料。 4. 作品评价。 展示幼儿作品，引导幼儿欣赏和评价	活动指导内容： 先请同伴回答，再请个案回答； 问题更为具体，如"这是什么？" 引导同伴与个案互动，言语鼓励个案进行模仿，加深个案的感受和理解； 提示个案把轮廓、眼睛、耳朵、鼻子、嘴、头发画上

表8-2 班级融合活动举例2

活动名称	小班音乐活动：小手爬	
项目	班级幼儿	个案调整
活动目标	1. 乐于参加音乐活动，能根据歌词内容做相应的动作。 2. 在学唱歌曲的基础上，能跟着老师一起仿编歌词。 3. 激发幼儿尝试用小手做游戏的兴趣	1. 注意力较为集中，对活动较感兴趣； 2. 在教师的言语提示下做出相应的动作
材料准备	经验准备：玩过手指游戏，认识并能够说出自己身体部位的名称。 物质准备：身体部位的图片、小手卡片	经验准备：能够指认出自己身体的部位。 物质准备：同班级幼儿
活动过程	1. 做游戏，激发幼儿参与活动的兴趣。 　出示手的卡片，教师带领幼儿做"听口令指一指"的游戏，请幼儿迅速准确地指出五官及身体部位。 师：我们的小手可以用来做什么啊？（洗脸、刷牙、梳头、跳舞……） 师：老师的手不仅会做这些事情，还可以在身上爬。看，好玩吗？今天小手要跟我们小朋友来玩一个游戏"小手爬"。 2. 鼓励幼儿学做律动。 （1）教师一边念儿歌一边做动作，鼓励幼儿说一说老师的手爬到哪里了。（爬呀爬呀爬呀爬，一爬爬到头顶上。） （2）鼓励幼儿伸出自己的小手，一边念儿歌一边做口令动作。 （3）做游戏、唱歌。 教师一边唱歌一边做动作，鼓励幼儿跟老师一起用小手做游戏。 师：现在小朋友们伸出自己的两只小手，放在肚皮上准备好，一起来学学小手爬的游戏。 教师带领幼儿一边唱歌一边做动作。 3. 幼儿仿编歌曲。 （1）师：小手除了可以爬到头顶上、小脚上，还能爬到我们身体的哪些地方呀？（鼓励幼儿大胆表达自己的想法。） （2）把幼儿说的这些部位都放到歌里面唱出来（教师出示图片，与幼儿一起做幼儿仿编的新动作。） 师：小手爬得真开心，它还想到旁边小朋友身上去爬一下，请你快快找到自己旁边的小朋友！让你的小手爬一爬。 4. 安静休息。 师：小手做完游戏，需要安静地休息一会儿，让我们一起给自己的小手做做按摩操吧（和着舒缓的音乐双手做交叉轻揉的动作。）	此环节重点关注个案的注意力，引导个案学会倾听，然后做出相应动作，只要个案看教师，就给予其回答问题的机会； 引导个案用清晰的语言回答教师的问题； 关注个案的注意力，言语提示个案看教师的手，然后模仿做部分口令动作，必要时进行肢体协助，如当教师说"爬到鼻子上"时，教师先将手放到个案鼻子上，然后让个案来摸； 助教教师给予手势提示，如教师提问"还能爬到哪里去"时，助教教师可用手指来提示个案； 教师重点协助个案与同伴一起进行小手爬的游戏，并引导个案看着对方的眼睛； 教师重点指导个案手交叉的动作，坐在位置上进行游戏

从表8-1和表8-2所示的融合教育活动的设计，我们可以看出，为了更适合特殊需要儿童的个别化教育计划的实施，让特殊需要儿童参与到班级活动中，班级教师进行了如下调整：

1. 活动目标的调整。

依据个案的IEP目标，将活动难度降低或将目标更具体化。

2. 隐形支持策略。

（1）特殊需要儿童座位的编排。有经验的教师会根据不同的活动内容编排不同的座位：将特殊需要儿童编排在能力较强的幼儿旁边、最靠近主讲教师的位置、最方便助教教师指导的位置、最少受干扰的位置等。

（2）提问。教师会给特殊需要儿童创设回答问题的机会，如将问题的难度降低，或先请其他幼儿回答，再请特殊需要儿童回答等。

3. 提供的材料不同。

提供多种选择、多种层次的材料。如粗细不同的画笔、不同的纸张、不同类型的剪刀。这些材料都是为了更好地帮助特殊需要儿童参与活动，完成作品。

4. 可适当使用强化物。

特殊需要儿童注意力集中时间较短，兴趣狭窄，所以在集体活动中可以适当使用强化物。如在科学活动中，当特殊需要儿童完成一个任务后，可允许其玩喜欢的小车两分钟。

5. 完成作品的方式不同。

允许特殊需要儿童用自己的方式完成作品。如《哈哈大笑的人》中，普通幼儿画的是哈哈大笑的人，大笑是活动目标；对于特殊需要儿童来说，他能够区分不同表情，但可能很难画出哈哈大笑的人，这时就可以允许其仅画一个人。

二、个别补救教学活动

（一）感官知觉

示例1：

注意力——追视游戏《追红球》。

目标：提高视觉的追视及注视能力。

材料：红色球一个（如图8-1所示）。

图8-1 红色球

适合年龄：1—2岁。

游戏过程：

1. 与幼儿面对面站好后，拿出红色的球在其眼前摆动。

2. 教师引导幼儿看并言语提示说："看，红球。"确信幼儿看到红球后把红球换位置。

3. 教师用手在幼儿面前晃动红球，并语言提示说："看，红球。"确信幼儿看到红球后把红球换位置。

建议：

1. 开始时，红球摆动的高度要与幼儿眼睛的高度一致。

2. 当教师摆动红球时，幼儿没有视觉的追视，教师可用肢体辅助来帮助其完成。

示例2：

视动统整——《画线条》

目标：

1. 培养幼儿正确的握笔方法。

2. 提高幼儿仿画线条的能力。

材料：粗水彩笔一套，视觉提示纸一张（如图8-2所示）。

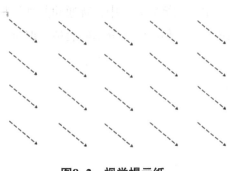

图8-2　视觉提示纸

适合年龄：2—3岁。

活动过程：

1. 教师与幼儿面对面坐好。

2. 教师出示视觉提示纸。

3. 教师进行示范演示。

4. 幼儿按图画斜线。

建议：

1. 教师要注意幼儿握笔的方法是否正确。

2. 注意提示幼儿落笔准确。

3. 刚开始时，要给幼儿提供粗的水笔。

4. 逐渐改变线条的方向，从左上到右下、从右上到左下、从左下到右上、从右下到左上等。

（二）粗大动作

示例1：

跳——《袋鼠过小河》。

目标：

1. 提高幼儿的敏捷性、平衡能力。

2. 培养幼儿双脚跳的能力。

材料：自制软棒若干条（如图8-3所示）。

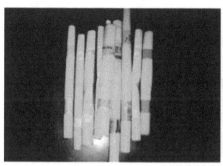
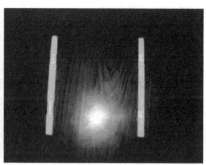

图8-3　自制软棒

适合年龄：3—4岁。

游戏过程：

1. 用软棒放在水泥地上，形成两条间距为30cm的平行线。
2. 教幼儿如何下蹲，并跳过两条线之间的"小河"。
3. 幼儿扮成小袋鼠，让"袋鼠妈妈"（老师）来抓，一个接着一个地跳过"小河"。
4. 在幼儿熟练后，可以将平行线的间距拉得更大些。

建议：

1. 幼儿一定要双腿蹲下，两脚稍稍分开。
2. 随着幼儿对游戏的熟练，"小河"的间距可以拉大。

示例2：

爬——《小猴爬》。

目标：

1. 提高幼儿的专注力。
2. 培养幼儿四肢的协调性。

材料：自制两条带子、软鞋垫、手垫（如图8-4所示）。

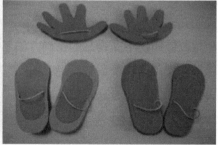

图8-4　自制带子、软鞋垫、手垫

适合年龄：4—5岁。

游戏过程：

1. 在地面上摆上两条宽50—60厘米的线。

2. 教师先示范爬（爬时四肢不能弯曲，同时要沿线爬行、交替爬行）。

3. 幼儿脚上穿好软鞋垫，手上戴好手垫。

4. 幼儿模仿教师沿着两条线爬行。

建议：

1. 提示幼儿在爬行时眼睛要看着地面上的线。

2. 爬行时四肢不能弯曲。

（三）精细动作

示例1：

手眼协调——《夹夹、玩玩》。

目标：

1. 提高幼儿的注意能力。

2. 加强幼儿手部灵活性及动作准确性。

图8-5 自制精细玩教具

材料：自制精细玩教具（如图8-5所示）。

适应年龄：4—5岁。

游戏过程：

1. 先让幼儿认识玩具中的材料名称。

2. 教师示范使用筷子夹物品的正确方法、使用小勺的方法。

3. 引导幼儿先用小勺来运物品。

4. 再引导幼儿使用筷子夹运物品。

5. 最后请幼儿把物品分类好。

建议：

1. 对于手部精细活动能力较弱的幼儿，可先让其用小勺运些大的物品。

2. 用筷子时，可根据幼儿的情况在筷子上绑上皮筋。

示例2：

模仿——《握手运动》。

目标：

1. 锻炼幼儿手指的协调能力。

2. 增强幼儿对乐曲旋律的理解能力。

材料准备：诗歌《和我一起动起来》。

划、划、划划船，

握、握、握握手；

拉、拉、拉拉勾，

挥、挥、挥手臂。

活动准备：按诗歌的内容给幼儿以视觉图表提示。

适合年龄：3—4岁。

游戏过程：

1. 教师出示图表，进行示范。

2. 教师边说儿歌边做动作。

3. 幼儿先分步骤模仿动作。

4. 幼儿跟随教师边说儿歌边做动作。

5. 熟悉游戏活动内容后，可以两人一对进行游戏。

建议：

1. 做动作时要跟上儿歌的节拍。

2. 模仿时动作要准确、到位。

（四）生活自理

示例1：

工具使用——《夹豆》。

目标：

1. 培养幼儿使用筷子取物的能力。

2. 提高幼儿的追视能力。

材料准备：自制夹豆玩具、筷子、大芸豆、黄豆等（如图8-6所示）。

图8-6　夹豆游戏

适合年龄：5—6岁。

游戏过程：

1. 教师出示自制玩教具引出游戏名称"夹豆"。

2. 教师示范拿筷子的正确方法。

3. 幼儿模仿教师的动作玩夹豆游戏。（在夹豆时，可以有两次夹不上来的机会，在往小管中放入豆时，通过率为五次通过三次即可。）

建议：

1. 开始玩时，可让幼儿先用小勺运豆。

2. 当幼儿熟练后再提供筷子让其夹豆。

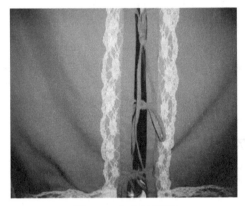

图8-7　布艺练习带

示例2：

自理——《系系看》。

目标：

1. 提高幼儿手部动作的协调能力。

2. 幼儿通过做游戏学会系鞋带。

材料准备：布艺练习带（如图8-7所示）

适合年龄：5—6岁。

游戏过程：

1. 教师先出示布艺练习带。

2. 教师先完整演示系带子的过程。

3. 在用较慢的动作，请幼儿模仿教师系鞋带。

4. 在教师言语的提示下，幼儿自己系鞋带。

建议：

1. 开始时教师可以采取肢体辅助的方法来引导幼儿。

2. 注意提示幼儿系好后看看鞋带系得松不松。

（五）语言沟通

示例1：

互动——《你好》。

目标：

1. 培养幼儿的主动沟通性语言。

2. 提高幼儿与他人交往的能力。

3. 通过视觉图片提示、游戏互动进行泛化。

材料准备：分享阅读图书（如图8-8所示）。

适合年龄：3—6岁。

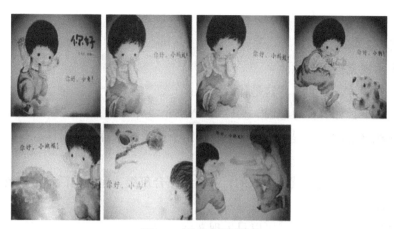

图8-8 分享阅读图书

游戏过程：

1. 教师出示分享阅读图书。
2. 教师一页一页地向幼儿展示完整的图书。
3. 教师从第一页开始详细地展示图书内容，请幼儿观察。
4. 教师提问："小朋友看到了什么？他是怎样问的？"
5. 教师直接说："你好！"
6. 幼儿学习向老师说："你好！"

建议：

1. 一定先给幼儿一个完整的视觉展示。
2. 先由教师与幼儿互动打招呼，问"你好"。

示例2：

自主性语言——《我想喝水》。

目标：

1. 培养幼儿根据自身需求说出自主性语言。
2. 通过干预能够泛化到一日生活中去。

材料准备：自制图书（如图8-9所示）。

图8-9 自制图书

适合年龄：3—6岁。

活动过程：

1. 教师出示视觉提示图片。

2. 请幼儿看图片，提问："这是什么？"

3. 再引出文字，如"我想吃饭"。

4. 在班级融合活动中，提示班级中的教师给予适当的语言泛化引导。

建议：

1. 活动不是一次、两次就能完成的，一定要结合班级、家庭的活动进行泛化，让幼儿了解句子的实际意义。

2. 对于高功能自闭症儿童，可以只出现文字。

(六) 认知能力

示例1：

配对——《找图形》。

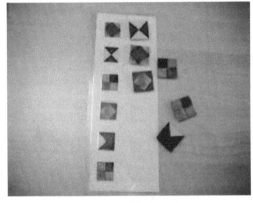

图8-10　图形粘板

目标：

1. 提高幼儿的注意力及观察力。

2. 幼儿能够依图形、颜色进行配对。

材料准备：图形粘板（如图8-10所示）。

适合年龄：4岁。

游戏过程：

1. 教师出示图形粘板。

2. 教师先粘好左边的图形。

3. 让幼儿找出与左边图形颜色、形状一样的图形并粘在其右边。

4. 幼儿熟练后，可加大配对难度，所有图形任意摆放成两竖排后，请幼儿找出相同的图形并连线。

建议：

1. 根据幼儿的发展程度可从认识颜色开始。

2. 也可以任意拿走一个图形，让幼儿进行配对以培养其观察力。

示例2：

比较——《喜欢吃什么》。

目标：

1. 培养幼儿对事物的观察力。

2. 提高幼儿的辨别能力。

3. 提高幼儿手眼的协调性。

材料准备：自制各种动植物彩色图片（如图8-11所示）。

图8-11　自制动植物图片

适合年龄：3—4岁。

游戏过程：

1. 教师出示图片。

2. 教师提出问题，请幼儿说出动物的名称或指认。

3. 教师一边用言语给幼儿示范演示，一边提问："这是什么动物？它喜欢吃什么？"

4. 幼儿根据教师的提示玩游戏《喜欢吃什么》，找图片并进行配对。

建议：教师根据幼儿的发展水平可采用语言提问、视觉提示等方法引导幼儿进行配对游戏活动。

（七）社会技能

示例：

自我意识——《我的身体》。

目标：

1. 让幼儿知道身体部位。

2. 幼儿能理解"左右"的概念，增加词汇量。

材料准备：一张大报纸、画笔一支。

游戏过程：

1. 教师与幼儿在场地上，教师出示大报纸。

2. 教师把报纸铺在地上后请幼儿躺在上面，画出身体的轮廓。

3. 从这张报纸上剪出他的头发、鼻子、眼睛、左右手和左右脚的形状，将这些身体部位的剪纸放在错误的位置，让幼儿来纠正。

4. 教师将身体部位的剪纸粘在正确的位置，并告诉幼儿各个身体部位的名称。

建议：

1. 游戏时，教师要与幼儿进行语言互动。

2. 游戏可以加大难度，如请幼儿自己做身体各个部位的剪纸。

参 考 文 献

[1] 朴永馨. 特殊教育辞典［M］. 北京：华夏出版社，2006.

[2] 肖非. 关于个别化教育计划几个问题的思考［J］. 中国特殊教育，2005（02）.

[3] 于素红. 美国个别化教育计划的立法演进与发展［J］. 中国特殊教育，2011（02）.

[4] 黄瑞珍，等. 优质IEP——以特教学生需求为本位的设计与目标管理［M］. 台北：心理出版社，2007.

[5] 王燕华. 幼儿园融合教育的实践与探索［M］. 北京：北京少年儿童出版社，2012.

[6] 任颂羔. 特殊教育发展模式［M］. 北京：北京大学出版社，2012.